NUBE **DE TINTA**

Papel certificado por el Forest Stewardship Council®

Primera edición: noviembre de 2024

Travessera de Gràcia, 47-49. 08021 Barcelona
Imágenes de interior: iStock

Printed in Spain – Impreso en España

ISBN: 978-84-19514-18-9
Depósito legal: B-16.019-2024

Compuesto en Aura Digit
Impreso en Huertas Industrias Gráficas, S. A.
Fuenlabrada (Madrid)

NT 1 4 1 8 9

MARÍA NICOLAU
@psicomeryy

Quiérete bien, quiere mejor

Construye relaciones sanas (empezando por ti)

NUBE **DE TINTA**

Agradecimientos

Este libro es un acto de amor en sí.

Lo ha movido el amor por la psicología, por aprender y por enseñar; el amor por las personas, por entender y comprender; el amor por las emociones y por vivir.

Y lo ha creado todo lo que he podido aprender del amor a lo largo de mi corta vida, sumado a la ilusión y a las ganas de seguir amando, de seguir experimentando el amor en todas sus formas.

Este libro va por todas las personas que me han permitido vivir el amor.

Por todas esas personas que me han hecho sentir querida y que me han enseñado a amar.

Por el amor libre, por el amor que duele y que te llena de miedo y por el amor que te hace volar, por el amor en todas sus formas, por el amor real.

Este libro es un agradecimiento a todas las personas que tienen la valentía de amar.

Pero, sobre todo, es un agradecimiento a mis padres, quienes me han enseñado mi primera definición de amor. No he podido recibir mejor ejemplo.

Siempre habéis llenado nuestra casa de protección, palabras de orgullo y soporte y, como es necesario, también de aprendizaje. El amor que me habéis brindado ha sido el más puro que recibiré nunca, incondicional, la sensación de que pase lo que pase siempre estaréis en casa, esperándome todas las veces que decida volver. Vuestro amor será el único que podré vivir sin miedo a que se acabe, es el verdadero amor eterno.

Gracias. Tenéis y tendréis siempre todo mi amor.

Introducción al amor

¿Qué es el amor? O, mejor dicho,
¿qué debería ser el amor?
El amor es lo que tú quieres que sea.

- **«El amor es un nexo de unión que nos hace sentir vivos y se convierte en eterno hasta que termina».** David, veintiséis años, actor, enamorado del arte en todas sus formas.

- **«El amor puede ser la muerte en vida. Puede arrastrarte y mutilarte por dentro y por fuera. Puede hacerte prisionero absorbiéndote a ti y a tu capacidad de decisión».** Madre y mujer en una relación de maltrato.

- **«El amor es la participación generosa que hacemos a los demás, es perdón y comprensión, entender que a veces fallamos».** Párroco de una iglesia de Madrid en un domingo de misa.

- **«El amor es compartir entre risas, es el soporte, la calma y el cuidado. El amor es respeto, complicidad y la amistad en una forma erótica. Es enamorarte de la esencia de esa persona».** Aina, treinta años, ha crecido en el amor más doloroso para encontrar el más puro y sano.

♥ **«El amor es todo lo que queda después del enamoramiento, cuando conoces y aceptas en su totalidad, conociendo todas las partes. Cuando empieza el respeto, la confianza y la entrega, logrando el equilibrio y la seguridad».** Toni y Cati, para mi «papá y mamá», un amor de muchos años que ha pasado por todas sus fases y que ahora reflejan en familia.

♥ **«El amor es renuncia, comprensión, cariño, confianza y respeto. Empieza con la ilusión que se mantiene por el deseo de estar toda la vida juntos hasta que llega a la madurez caracterizada por la tranquilidad, el sosiego y el respeto. El amor puede perdurar gracias al diálogo, aprender a pedir perdón, ceder y mantenerlo vivo con pequeños detalles que estén presentes en el día a día».** Caco y yaya, más de sesenta años acompañándose, han cumplido una vida de amor juntos.

♥ **«El amor es seguridad y autenticidad, sentir que quien te quiere está contigo por elección, por el simple disfrute de tu compañía. Es un lugar seguro donde ser tú misma y saber que todas tus partes son aceptadas y acogidas. Donde hay cariño,**

comprensión y validación que calma y repara». Teresa, psicóloga, compañera y amiga, vive y trabaja su amor y el de muchas otras personas en consulta.

- ♥ **«El amor es lo que mis papás sienten por mí y para siempre».** Niño de seis años, vive el amor por primera vez en casa.

El amor no tiene una definición,
tiene tantas definiciones como
personas hay en el mundo.
El amor no tiene una expresión,
tiene tantas expresiones como
relaciones hay en el mundo.

Tienes que conocer tu amor para después, si quieres, expandirlo. Expandirlo es dejar que otros disfruten de ti… y tú de ellos. Parece sencillo, ¿verdad? Pues ya veremos por qué, a veces, nos cuesta tanto. Muchas veces se trata de adaptar y construir juntos, el propio amor. Uno que solo sea vuestro. Porque ese es el poder del amor, que cada uno tiene el suyo, el amor que uno puede ofrecer es único, inigualable, no se encuentra en ninguna parte del mundo un amor igual que otro. Y no es siempre estable, se transforma, se expande, se comparte, se unifica en otros amores, tiene la capacidad de aprender y de crecer. Porque sí, el amor se aprende y a querer también. **Aprendemos a amar amando.**

El amor es de las pocas cosas que todos los seres humanos compartimos, de las pocas cosas que tanto poder tienen. Porque sí, el amor mueve el mundo. Vaya que si lo mueve. Nos movemos por amor, por lo que nos gusta, por lo que disfrutamos, por buscarlo, encontrarlo y vivirlo y también por desvivirnos por él. Estamos dispuestos a todo por amor.

¿Qué sería del mundo sin amor?
¿Qué sería de nosotros sin amor?

Entonces **¿cómo construimos amor?**

Nota: en este libro utilizo indistintamente el uso de la forma masculina o femenina para referirme a la diversidad de lectores.

1

Aprende a quererte y a querer

Una de las cosas que más miedo da del amor es el desamor. El amor es lo más bonito del mundo, de la misma forma que el desamor es lo más doloroso. Y es que pocas cosas duelen tanto.

Nadie puede asegurarnos ser amados por otras personas. Podemos serlo y que salga todo bien. Podemos serlo, pero no para siempre o simplemente no de la manera que nos hace felices. Hay una gran parte de ser amados que no depende de nosotros y es que, cuando implicamos a otras personas en el juego, debemos asumir que perdemos parte del control. Así que no, el amor no es estable. Ningún amor lo es.

Pero hay un amor que sí que depende de nosotros. El amor propio, el amor hacia ti misma. Y es que la relación contigo misma debe ser el primer reflejo de amor. Y, aunque este tampoco sea estable, sí que depende enteramente de nosotras y eso nos da poder. Poder de hacerlo crecer, de cuidarlo, de mantenerlo, de mimarlo. Y también es de los amores más reconfortantes que existen.

Si el amor mueve el mundo, el amor propio es el que le da sentido.

Es lo que nos empuja a ser, a vivir, a decidir, a caminar y a crecer. Nos hace sentir capaces, fuertes, válidas, suficientes, dignas. Y nada nos va a hacer más poderosas que eso.

Así que sí, primero **crea tu amor propio**.

Muchas veces, nos han dicho esa frase de que para querer a otra persona primero hay que quererse a una misma. ¿La realidad? No, no es necesario amarte para amar. No es necesario, pero es muy potente. Todos merecemos dar amor y recibirlo, independientemente de nuestro amor propio que, además es variable, como hemos dicho. No siempre nos queremos lo mismo ni nos queremos igual, nuestro amor propio varía incluso de un día a otro.

Y es que a veces tenemos la capacidad de mirarnos con más compasión y otras veces la autocrítica o alguna emoción tan fuerte como la culpa o el miedo pueden hacer que nos veamos pequeñitas e incapaces. Pero aun así somos capaces de dar amor, aunque en ocasiones no lo tengamos para nosotras mismas. Pero eso no quiere decir que no lo tengamos para los demás. De hecho, a veces tenemos toneladas de amor para repartir y ninguna recae sobre nosotras. Y merecemos ser queridas, en todos los momentos y en todas nuestras versiones. Merecemos ser queridas sobre todo cuando fallamos, cuando más vulnerables nos sentimos, cuando peor estamos. Puedes no quererte y querer, puedes no quererte y ser querida, pero quererte y querer es la fusión más potente de amor que existe. Porque, cuando te quieres, estás más preparada para conectar con tu mundo emocional y, por tanto, también para conectar con el de los demás. Si queremos construir un amor sano, tenemos que trabajarlo con conexión emocional, límites, comunicación, conversaciones incómodas, reconociéndonos mucho a nosotras mismas y adaptándonos mucho a la otra persona. Y, cuanto más poderosa te sientas, cuanto más conectada contigo misma, más amor propio tengas trabajado…, más disponible estarás para crear una relación de amor sana.

Y es que hay muchas cosas del amor propio que afectan al amor compartido, como nuestros aprendizajes sobre el amor.

Piensa en la primera relación de amor que conociste. La primera de todas. Puede que sean tus figuras de apego, tus abuelos, tus padres...

- ¿Cómo se expresaban amor?
- ¿Cómo se hablaban?
- ¿Cómo se miraban?
- ¿Qué rutinas tenía su amor?
- ¿Qué cosas hacían que a veces ese amor se transformara en dolor?
- ¿Cómo pasaba el amor a través del tiempo, de los años?
- ¿Cómo se adaptaba el amor a las diferentes situaciones, circunstancias?

Ese es tu primer aprendizaje de amor y, probablemente, después ha habido muchos otros que se han ido sumando como pequeñas piececitas que van conformando tu propio concepto.

Entre esas piececitas no solo está lo que vemos, también lo que vivimos, que tiene incluso más peso, y son nuestras experiencias de amor. Y ahí entra el amor en todas sus formas, el amor que hemos recibido de nuestra familia, de nuestros amigos, profesores, padres...

- ¿Me he sentido amada?
- ¿Cómo ha sido ese amor?
- ¿Era un amor incondicional, estaba ahí pasase lo que pasase?
- ¿Era siempre estable o dependía de otras cosas?
- ¿Qué tenía el poder de cambiar ese amor?
- ¿Dolía a veces?
- ¿Cómo dolía y por qué dolía?
- ¿Qué hacía que dejase de doler?
- ¿Había algo de miedo en ese amor?
- ¿Algo de ansiedad o de incertidumbre?

Las emociones que han ido ligadas a nuestras relaciones de amor pasadas tienen mucho que ver con cómo estableceremos las futuras.

Si hemos sentido que el amor es un lugar inseguro e inestable, que se puede ir en cualquier momento, que se vuelve doloroso y hostil cuando falla..., es más probable que desarrollemos relaciones dependientes, donde nos sintamos vulnerables y renunciemos a nosotras solo por mantener ese amor. En cambio, si mis experiencias con el amor han sido seguras y estables, es más probable que desarrollemos relaciones satisfactorias en las que sepa gestionar el conflicto y tenga en cuenta mis necesidades estableciendo los límites precisos.

Los seres humanos vivimos evitando el sufrimiento y buscando el placer.

Y no hay mayor placer que ser amado, ni mayor dolor que sentirnos abandonados. Por eso somos capaces de hacer cualquier cosa para mantener el amor. Y eso, puede ser muy peligroso.

El amor que nos dan los demás puede cambiar lo que piensas tú de ti misma y el amor que te tengas. Y es que cuando alguien deja de querernos lo más normal es que nos preguntemos por qué. Y es una respuesta muy difícil.

¿Por qué se va, por qué me rechaza, por qué ya no me quiere?

«No soy suficiente».
«No me merezco ese amor».
«Me cambian, me abandonan».
«Me rechazan».
«Cualquiera es más que yo».

Ese tipo de experiencia hiere nuestra autoestima y puede hacer que desarrollemos miedos tan fuertes que condicionen la forma en la que nos amamos y la forma en la que vamos a amar a partir de ese momento. Porque, como hemos dicho, el rechazo y el desamor duelen, y a veces estamos dispuestas a hacer cualquier cosa para no vivirlo de nuevo.

En ocasiones es más fácil renunciar al amor propio que al de otra persona. Y es justo en ese momento en el que el amor… deja de serlo. Se convierte en relaciones dolorosas en las que renunciamos a lo que necesitamos y que duelen. Sin embargo, ahí seguimos, porque necesitamos confirmar que continuamos teniendo y mereciendo amor. Y son esas relaciones las que crean heridas.

Por eso es importante conocernos. La información es poder. Conocer tus heridas, tus patrones, tus aprendizajes y tus miedos te da poder a la hora de amar. Poder para decidir de manera consciente, sabiendo de dónde nacen tus emociones y pensamientos. Puede que cada vez que discutamos sintamos un miedo a perder a la otra persona aterrador y vengan miles de pensamientos: «debo solucionar esto ya», «se va a hartar de mí», «se va a ir», «no me quiere lo suficiente», «siempre lo hago todo mal», «prefiere estar con otras personas antes que conmigo», «en realidad no le gusto»…, pero también puede que ese miedo no tenga razón de ser. Que ese miedo sean las heridas de tu pasado hablando, recordándote algo que ahora no es la misma realidad.

Tenemos miles de pensamientos a diario, pero no son verdades absolutas, no siempre son ciertos. A veces sí y nos ayudan a avanzar, pero otras, no. Es importante que escuchemos y aceptemos nuestros pensamientos, pero también está bien que los cuestionemos.

No somos nuestros pensamientos, al igual que tampoco somos nuestras emociones.

Cuando te hable un pensamiento muy doloroso, pregúntate:

- ¿Qué me hace pensar que eso es así?
- ¿Podría ser de otra manera, podría haber otra explicación?
- ¿En qué me estoy centrando para sacar esa conclusión?
- ¿Es algo muy concreto, tengo en cuenta otros factores importantes?
- ¿Sacaría la misma conclusión si esto le sucediese a otra persona a la que quiero?
- ¿Qué le diría?

Son algo fugaz que pasa por nosotros y que tenemos que aprender a reconocer, aceptar y gestionar. Así podremos retomar el control de nuestro mundo interior y utilizar lo que nos sucede por dentro como una herramienta de autoconocimiento. Porque sí, nuestras emociones y pensamientos dicen mucho sobre quiénes somos y qué necesitamos.

Las emociones son reacciones del cuerpo, no vienen porque sí, sino que tienen una función determinada y nos permiten adaptarnos al entorno. Escucha tus emociones porque tienen mucho que decirte. Pregúntate por qué ha venido, qué necesita… o qué necesitas tú. La tristeza suele necesitar reflexión y consuelo; el miedo, protección y refugio; el enfado, expresión y espacio; y la alegría, repetir y compartir. Pero todas necesitan algo.

La autorregulación nos permite estar más conectados, ser más estables y reflexivos. Algo fundamental para después enfrentarnos al mundo de las relaciones.

Una vez tenemos el poder de nuestro mundo emocional, toca conectar con nuestro mundo personal.

¿Sabes quién eres? ¿Te conoces?

EJERCICIO 1:

Me conozco

Te propongo un ejercicio. Coge una hoja en blanco.

Vas a describirte a ti misma. Quiero que pases por todas tus partes y que lo hagas en tercera persona, como si describieses a alguien que conoces... y que conoces muy bien. Quiero que le cuentes al mundo quién eres.

Tienes una hoja entera para llenarla de ti, asegurándote de que el mundo se hace la idea más ajustada posible de quién eres. Preséntate, cuéntale cómo eres físicamente para que parta de una imagen. Explícale tus virtudes y defectos, los valores por los que te mueves; cómo es tu día a día, tu rutina y tus hábitos. De qué gente te rodeas y lo que valoras de las personas. Qué objetivos y proyectos tienes, qué vida estás construyendo. Cómo eres como amiga, hija y pareja. Qué es lo más importante para ti, qué crees que mueve el mundo. Cuéntale tus miedos y demonios, así como tus mayores sueños.

Completa la hoja entera. Y consigue que te falte espacio.

¿Te ha resultado difícil? Nos molestamos mucho en conocer a las personas que nos rodean, pero no nos conocemos a nosotros mismos. Somos con quién más hemos compartido, con quién más tiempo pasamos, pero de quién menos sabemos. ¡Qué vértigo! Qué miedo no conocer a quién me acompaña siempre. No nos preocupamos en hacerlo. Siempre somos lo último, lo menos importante. Curioso que sea así cuando todo parte y todo depende de nosotros mismos. Date importancia, pregúntate, cuestiónate, constrúyete y… conócete, pasa tiempo en tu compañía, comparte contigo.

Voy a proponerte otro ejercicio. Bueno, más bien un plan contigo. Ahora que te has descrito y sabes lo que te gusta y de lo que disfrutas, quiero que pases momentos contigo, que los programes, que durante tu semana y tus días tengas momentos para ti, para hacer lo que disfrutas, para estar contigo… para demostrarte que sí, que eres tu mejor compañía. ¿Cómo cuidas las relaciones de tu entorno? Mostrando atención, dedicándoles tiempo, cariño y energía. Ahora te propongo que cuides la tuya, tu relación contigo.

EJERCICIO 2:

Me convierto en mi mejor compañía

Dentro de este horario, diferencia tu tiempo ocupado, por todas tus tareas y obligaciones y tu tiempo libre.

Tu tiempo ocupado incluye trabajo, estudio, tareas, recados... Todas estas cositas que son un rollo, pero que tenemos que hacer como seres humanos productivos. Suele ser un tiempo que gasta gran parte de nuestra energía y, aunque tiene una parte satisfactoria, no suele ir ligado a emociones tan agradables. Y es que no es tanto un tiempo para disfrutar, sino un tiempo para trabajar en diversos aspectos. Está bien, es necesario y, muchas veces, es inamovible. Pero el resto del tiempo lo tiene que compensar, pues tenemos que utilizarlo para recuperar la energía que hemos gastado, para equilibrar la balanza del estado de ánimo con dosis de emociones agradables y... para vivir, por supuesto.

Primero, marca tu tiempo ocupado, que suelen ser tareas más fijas y, después, señala qué tiempo vas a dedicar a tus actividades de autocuidado.

Hay dos tipos de actividades que no pueden faltar: las relacionadas con el descanso, la recarga física, y el autocuidado, la recarga anímica y emocional. Dentro del descanso se incluye el sueño, evidentemente, pero también actividades más distractoras, como ver alguna serie. Pero ver series no es tiempo contigo misma. Estar tirada con el móvil en el sofá es descanso mental, entretenimiento, pero no es tiempo contigo misma. Si pretendemos mejorar la relación con nosotras mismas, debemos dedicarnos tiempo de calidad. Para saber si una actividad es o no de calidad, pregúntate: ¿lo harías con otra persona?, ¿qué sumaría a vuestra relación ese rato juntos? A nuestras relaciones les suma pasear, viajar, cafés con conversaciones largas... Todo lo que nos permita escucharnos y conectar. Pues con la relación con nosotras mismas pasa exactamente igual, deben ser actividades en las que podamos escucharnos y conectar: escribir, pasear, hacer deporte, dibujar... Estas actividades no pretenden distraernos, como lo haría un libro o una película, sino más bien todo lo contrario: pretenden atender, atendernos a nosotras mismas. Estar de verdad.

Si no sabes qué actividades puedes hacer contigo misma, haz una lista de todo lo que te gusta, pero todo... El mar, el café, el chocolate, la música tranquila, el olor a coco, las series de miedo, el color azul... A partir de lo que te gusta, crea actividades completas que unan algunas de estas cositas.

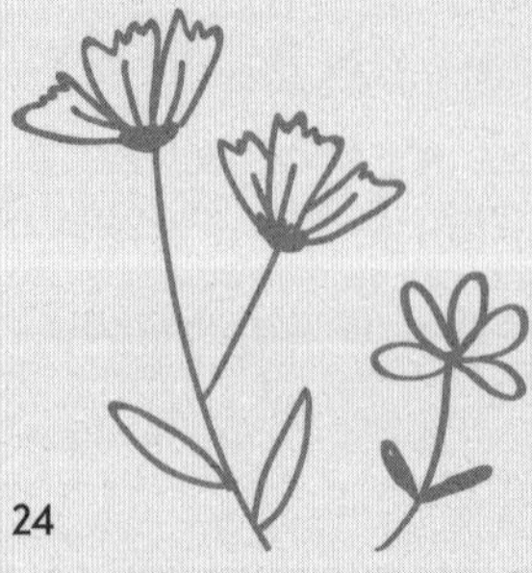

Cosas que me gustan, así, en general:

....

....

....

....

....

....

....

....

Lista de actividades conmigo y solo para mí:

....

....

....

....

....

....

....

....

....

CALENDARIO SEMANAL

Ahora, marca tus actividades. Merecen que las fijes en un tiempo concreto, que les des su espacio en tu calendario.

EJERCICIO 3:

Lunes	Hora	Actividad
	....	....
	....	....
	....	....

Martes	Hora	Actividad
	....	....
	....	....
	....	....

Miércoles	Hora	Actividad
	....	....
	....	....
	....	....

Jueves

Hora	Actividad
....	....
....	....
....	....

Viernes

Hora	Actividad
....	....
....	....
....	....

Sábado

Hora	Actividad
....	....
....	....
....	....

Domingo

Hora	Actividad
....	....
....	....
....	....

Hacer actividades contigo misma te suma, te suma emociones agradables, autoconocimiento, autoestima, crecimiento, plenitud, paz. Pero te suma mucho más, además de hacerlas, tomar conciencia de ellas.

¿Qué he hecho hoy conmigo?

....

....

....

....

....

....

¿Cómo me he sentido?

....

....

....

....

....

....

¿Qué creo que me ha sumado y aportado este ratito conmigo?

2

Busca tu concepto de amor

El amor crece primero en ti. Nace de ti. Le das la forma que quieras darle y lo haces a tu manera. Es importante conocer tu propio amor para saber qué amor das y, en base a eso, qué amor buscas y necesitas, qué amor te haría feliz, qué amores encajan con el tuyo.

Hemos pasado por el autoconocimiento y ya sabemos qué te gusta, de qué disfrutas, qué necesitas, qué vida tienes y dónde quieres llegar, hacia dónde diriges tu camino. Ahora es más fácil contestar a la pregunta: «¿Cómo quieres compartirlo?». Bueno…, y si quieres hacerlo o no.

¿Qué es para ti el amor?
¿Cómo quieres que sea tu amor?

Nuestro concepto de amor está construido en base a muchos factores, pues influye toda la información que hemos recibido del amor desde que nacemos. Pasando, como hemos dicho, desde los primeros aprendizajes a lo que hemos escuchado, asimilado, leído y, por supuesto, vivido sobre el amor. Y entre tantas influencias puede ser que nuestro concepto de amor se haya visto sesgado y se haya transformado un poco, que ya no haga referencia solamente a lo que buscas tú y te gustaría que fuese tu amor, sino también lo que los otros nos han dicho que tiene que ser.

Y ahí entran los mitos del amor romántico.

EJERCICIO 4:

Mis aprendizajes del amor

Quiero que hagamos un ejercicio juntos antes de continuar.

Vamos a retroceder un poquitín en el tiempo... Quiero que te imagines a ti misma de pequeña, en tu lugar más seguro, donde jugabas... Estás sola, pero en paz.

¿Qué respondería tu yo del pasado si le preguntásemos qué es el amor? ¿Qué era el amor para esa niña? Igual tenía algo que ver con lo que veía en casa entre sus padres... o igual tenía algo que ver con lo que hablaba con sus amigos en el cole o con lo que veía en las pelis.

¿Qué era para mi yo pequeño el amor?

....

....

....

....

....

....

....

....

....

Y ya es desde ahí, donde empezamos a construir nuestro concepto de amor. Cuando aún somos pequeños y no tenemos la capacidad de razonar, de cuestionarnos nada, asumimos todo lo que recibimos como verdades absolutas. Si eso me cuentan que es el amor, si eso veo que es el amor... es que así será. Eso es lo que deberíamos vivir, así es como nos deberíamos sentir cuando nos enamoramos, así nos deberíamos comportar en nuestra relación...Claro, así debería ser también mi amor.

El amor es ciego, todo vale por amor, el amor es lucha... y el objetivo de tu vida es encontrar a tu media naranja y hacer que ese amor dure para siempre, cueste lo que cueste. El amor te salva, te protege, te ves indefensa, pequeña y vulnerable, el amor son celos, posesión... ¿Cuántas veces has oído esas frases? Tantas, que terminamos por creer que todas esas afirmaciones sobre el amor son verdad.

Esos aprendizajes tan inocentes y a la vez tan inconscientes calan tan hondo que forman la base de lo que entendemos como amor y condicionan el amor que buscamos y damos, lo que esperamos de él. Lo cual puede hacernos caer en falsas expectativas. Espero encontrar a mi media naranja y que el destino que nos ha unido nos mantenga para siempre, pero... ¿y si esa media naranja llega a un momento que el que ya no me hace feliz?, ¿y cuando lleguen los problemas que, como en todas las relaciones humanas, llegarán?, ¿hay lugar en ese amor mágico para las conversaciones incómodas y los límites?, ¿si el amor surge... no hay nada que construir, acordar o hablar?, ¿todo.... fluye?, ¿y cuando ese amor nos hace daño?, ¿se perdona todo por amor?, ¿nos quedamos para siempre dónde duele?

No elegimos lo que aprendemos y muchos de los aprendizajes que tenemos, que conforman quienes somos hoy en día, lo que buscamos, cómo reaccionamos ante determinadas situaciones..., son inconscientes, es decir, determinan nuestra forma de sentir y actuar de forma automática, sin tomar una decisión de manera consciente y reflexiva. Si no revisamos nuestros aprendizajes, si no aprendemos a conectar con nuestro mundo emocional para entender de dónde nacen nuestras emociones y nuestra conducta, estamos destinados a sentirnos constantemente insatisfechos y no saber por qué. Hay que tomar conciencia, desaprender y reaprender en base a lo que de verdad creemos, queremos y somos.

La buena noticia... Nunca es tarde para esto. Vamos a crear nuestro concepto de amor y lo vamos a hacer pasando por unas preguntas que nos permitan reflexionar sobre ello. Quiero que te quedes con este proceso y que lo realices en cada uno de los puntos:

1. Tomar conciencia: Vamos a conectar con la primera sensación e idea que se nos viene a la cabeza. Eso, probablemente, nos hable de qué aprendizajes tenemos integrados.

2. Desaprendemos: Reflexionamos sobre cómo ese aprendizaje nos ha hecho y nos hace sentir, qué creemos que nos puede aportar, ¿nos ayuda a encontrar ese amor que verdaderamente creemos que va a hacernos feliz? Comparamos esa primera idea con nuestros valores, con quién queremos ser, con el amor que queremos dar y recibir. ¿Es compatible?

3. Reaprendemos: Creamos una nueva idea, ya sí que tuya, propia, decidida por ti tomando conciencia de ella.

1. El amor es ciego

Esta es una frase que todos hemos escuchado alguna vez. Pero ¿a qué se refiere?

¿El amor va más allá de lo que podemos ver? Es decir, ¿va desligado de la imagen física? O más bien se refiere que una vez amamos pasamos por alto aspectos que podrían dolernos o incomodarnos de la otra persona. Con el amor también empezamos a justificar comportamientos y rasgos de personalidad que igual, en un principio, o en ausencia de ese amor, nos generarían rechazo.

¿Tú qué piensas? ¿El amor es ciego?
¿Debería serlo? ¿Por qué?

Te replanteo la pregunta...

- ¿Quieres que el amor te ciegue?
- ¿Quieres ser ciega por amor?
- ¿Quieres no ser capaz de ver?

¿Quién en su sano juicio elegiría ser ciega? No ser consciente de algo, omitir una parte de la información, de la realidad... ¿Por qué?, ¿por qué querríamos eso? Quizá por miedo a lo que podamos encontrarnos, quizá por miedo a tener que aceptar una realidad que no nos gusta, que no queremos ver. Hablamos entonces de... evitación. Preferimos no ser conscientes de eso que nos duele, preferimos no verlo y así poder quedarnos donde estamos, donde recibimos amor...; igual no el que queremos o igual no de la persona que queremos, pero amor, al fin y al cabo. A veces es más fácil quedarnos con algo que enfrentarnos al miedo que supone la posibilidad de perderlo todo. Entonces... nos conformamos. Pero ¿esto es lo que quieres de verdad?, ¿estar con esa persona, así, es lo que quiero de verdad? Si nos conformamos, perdemos.

Nos perdemos la posibilidad de conocer el amor de verdad, el que queremos, el que necesitamos, el que nos gustaría tener, vivir y sentir.

Repetimos la pregunta:
¿quieres que tu amor sea ciego?

2. Todo por amor

¿Estarías dispuesto a hacerlo todo por amor? ¿A aguantarlo todo por amor?

En el nombre del amor todo puede justificarse. O no.

¿Hay algo que el amor no pueda?
¿Hay un límite? Y, si lo hay..., ¿dónde está?

Ahí es dónde entra una parte importante de nuestro concepto de amor y que matizaremos más adelante: los límites. El amor deja de ser amor cuando pasa uno de nuestros límites. Y cada uno tiene los suyos. Algunos los tenemos claros desde el principio y otros nos vienen por la experiencia, aprendemos de nuestras relaciones lo que sí y lo que no, lo que nunca más pensamos tolerar porque sabemos que nos duele. Y del dolor podemos aprender mucho. De hecho, esa es su función, la función del sufrimiento es enseñarnos quiénes somos, qué queremos y qué necesitamos, enseñarnos a tener entornos sanos, relaciones sanas (también contigo misma). Y, para ello, necesitamos conocer y, por supuesto, establecer nuestros límites. Porque sí, podemos tenerlos muy claros, pero a veces esa idea de «todo por amor», la fuerza que tiene el sentirnos queridos y aceptados, sentirnos merecedores de amor, hace que todo valga…

Puedes pensar «Igual esto me duele un poco», pero… ¿y lo que dolería estar sin ti?, ¿y lo que dolería la idea de renunciar a nuestro amor, nuestro proyecto de pareja, la idea de perder todo por lo que hemos trabajado hasta hoy, la idea de estar sola? Asumir que tu pareja traspasa tus límites es asumir que su amor nunca va a ser sano para ti. Y dejarlo ir duele, pero duele un rato. En cambio, quedarte donde franquean tus límites duele para siempre. O al menos, hasta que te vayas y asumas el dolor temporal que eso acarrea.

La vida también es dolor. Hay una parte del dolor que es inevitable, como el dolor que tenemos que pasar para aceptar una ruptura, y otra que sí podemos controlar, como la decisión de irte de dónde te han demostrado que te van a seguir haciendo daño.

**Reformulo, entonces, la pregunta…
No es: «¿Todo por amor?»; debería ser:
«¿Hasta dónde por amor?».**

3. El amor es sacrificio

¿Hasta donde renunciamos por amor?

El amor se construye. Se crea a base de conversaciones incómodas, soluciones a problemas, autoconocimiento, conexiones, adaptaciones, cambios, escucha, comprensión... Todo eso conlleva mucho esfuerzo y, a veces, también sacrificio. Es inevitable. Pero tú marcas hasta dónde. Hasta dónde te vale la pena. Puede ser muy difícil contestar a esta pregunta y definir este límite, pero es necesario… porque es muy fácil sobrepasarlo y renunciar a ti por la otra persona tantas veces que el amor deje de tener sentido, que pase a ser en su mayor parte… solo sufrimiento.

Para ayudarnos a definir ese límite hay algunas preguntas claves que debemos hacernos.

- ¿Para qué?
- ¿Para qué amo, para qué te elijo?
- ¿Con qué finalidad decido estar aquí, contigo, en esta relación?

No nos olvidemos nunca de que el amor y las relaciones son una elección. Una elección tuya que te ha pertenecido y te seguirá perteneciendo siempre. Cada día tenemos la oportunidad de decir que no. Si elegimos tener amor es porque nos suma, nos aporta, nos vale la pena, lo queremos. En el momento en que ese amor ya no sepa responderte a para qué estás con esa persona…, te está diciendo que es un no.

¿A qué estás renunciando por seguir con ese amor? Igual hay demasiado dolor, igual no te gusta quién eres o cómo te hace sentir esa persona, cómo te sientes cuando está con ella. Igual hay más momentos de duda, de inseguridad, de ansiedad. Igual ya no sois el equipo que erais antes o tienes que renunciar al futuro que quieres para poder tener uno en el que quepas tú. Igual estás renunciando a tanto que, sí, estás con esa persona, pero el resto de ti se ha caído. Tu amor siempre tiene que ser compatible contigo. Está claro que para buscar la compatibilidad necesitamos la adaptación. Estar dispuestos a entender y tolerar la diferencia, escuchar desde la comprensión y, a veces, cambiar. Cambiar de opinión, aprender a pedir perdón, aprender a autorregularnos, cambiar ciertos patrones de nuestra conducta que hacen daño a la relación. No es fácil adaptarnos el uno al otro sin pasar por esas batallas. Pero tanto esfuerzo solo tiene sentido si nos vale la pena lo que construye, si el amor que estamos forjando es el que nos hace felices.

4. El amor es para siempre

¿Cuánto dura el amor? Este es, quizá, el mito más extendido de todos. El amor verdadero, el amor para siempre. El amor que, como todo lo puede, durará para siempre.

Creemos que queremos un amor que dure para siempre, pero ¿realmente es así?

Queremos que el amor que hoy nos está haciendo feliz siga estando. Pero ¿y si mañana ya no te hace feliz? ¿Qué sentido tiene entonces que ese amor siga estando, durando y sea eterno?

Estamos tomando una decisión de por vida con nuestro yo de hoy que será diferente al de mañana. **Las personas estamos en constante cambio, por suerte.** Cambia quién eres, lo que opinas, cómo piensas, cambia lo que buscas y lo que necesitas, cambian tus objetivos, cambian tus circunstancias y posibilidades, cambian tus valores y creencias… Entre tanto cambio, ¿qué nos hace pensar que siempre tomaremos la misma decisión? ¿Qué ese amor seguirá haciéndote feliz cada día? Puede ser que sí, pero también puede ser que no. Y tener esa segunda posibilidad nos hace libres. Nos hace libres de decidir y de poder hacerlo siempre, nos hace libres de siempre poder elegir nuestra felicidad.

Si ese amor dura para siempre es porque lo elegimos cada día. Cada día tenemos la libertad de elegir y lo hacemos porque nos suma, porque de verdad es lo que queremos. No nos neguemos la posibilidad a nosotros mismos de un día poder decir que no. La posibilidad nos da derecho, dignidad y, como hemos dicho, libertad. Y el amor se debe vivir libre.

El amor es una decisión, la decisión de elegirnos todos los días. No vamos a negar la posibilidad de decirnos que no, vamos a trabajar juntos para tener los motivos suficientes para seguir diciéndonos que sí.

5. Mi media naranja

Esa persona. Esa alma gemela que deseamos encontrar o que nos encuentre. Esa media naranja... Eres tú, eres solo tú, solo puedes ser tú.

¿Qué nos hace pensar que entre millones de personas en el mundo hemos encontrado a nuestra alma gemela... dos calles más abajo? ¡Qué suerte tienen algunas!

Bueno, suerte o... ¿autoconvencimiento? ¿Eres tú o, como tienes que ser tú, hago todo lo posible porque lo seas?

Esta creencia puede llegar a hacernos mucho daño, porque de verdad queremos creer en eso y somos capaces de justificar cualquier conducta, cualquier sufrimiento, solo por no querer asumir que... igual no, no es esa persona. Porque es muy doloroso asumir que hemos fallado, que nos hemos equivocado, que hemos estado invirtiendo mucho en alguien con quien no podemos encajar o conlleva demasiado esfuerzo hacerlo.

Conocemos a muchas personas y, por lo que sea, nos fijamos, nos atraemos. Después hablamos y nos gustamos, seguimos hablando y conectamos. Puede ser que encajemos solo con algunas pocas. O más bien que queramos encajar.

Porque el amor no es conocer a una persona que resulta ser perfecta para ti.

Es imposible encontrar a alguien que sea y actúe siempre de la manera que esperas, que necesitas y que te gustaría, que lo haga siempre todo bien para ti y tenga unos proyectos de futuro que encajen a la perfección con los tuyos.

Bueno, vamos a confiar en las casualidades más pequeñas del mundo. Vamos a suponer que eso pasa, que encontramos de verdad a esa persona ideal. Sería perfecta solo un momento. Porque las personas cambiamos... Yo cambio, tú cambias, nuestras opiniones, nuestros deseos, nuestras circunstancias cambian constantemente. Así que ese momento de conexión perfecto duraría... pues eso, un momento.

No existe una conexión perfecta, existen las ganas por querer conectar a pesar de no encajar de forma perfecta.

Las ganas de querer conocernos, de abrir nuestras mentes a un mundo diferente al nuestro, de aprender a aceptar lo que nos es incómodo de la otra persona. Porque sí, la diferencia es incómoda. Todo lo que no es una costumbre es incómodo de aceptar y de tolerar. Pero es que el amor es eso. El amor no tendría sentido si fuese cómodo. Qué fácil es querer a una persona cuando hace exactamente lo que queremos. El amor es estar dispuesta a escucharte y a comprender lo que sientes y lo que harías diferente y, entre las dos partes, tener ganas de adaptar nuestro amor. Y eso conlleva mucho esfuerzo. Un esfuerzo propio, de aprender a gestionar, a renunciar, a comprender y a adaptarte, pero también un esfuerzo conjunto, como equipo, de construir algo juntos que no sea ni solo mío ni solo tuyo, sino la unión entre los dos, el punto medio donde nos hemos cruzado. Y ese esfuerzo que estamos dispuestos a hacer juntos… es el amor, el amor verdadero.

Nos gustarán otras personas a lo largo de nuestra vida. Y eso es así. El ser humano está programado para la atracción, es algo instintivo que no vamos a poder evitar. Si pensamos que el amor es que solo te guste una persona, cuando inevitablemente te atraiga otra persona…, ¿qué va a suponer eso para ti? Puede levantar la falsa creencia de que igual tu pareja ya no te gusta tanto, que vuestro amor no es tan fuerte como pensabas.

Nos van a atraer otras personas, vamos a gustarles a otras personas e incluso podemos llegar a conocer a alguien que nos haga sentir algo intenso, algo parecido al enamoramiento. Y puede surgir la duda de:

«Si me enamoro de otra persona, ¿es que no lo estoy de mi pareja?».

Además, ese proceso de enamoramiento se caracteriza por la intensidad, por la idealización, por la pasión, por la curiosidad hacia lo desconocido, el chute de la novedad... Todo eso es un torbellino, un subidón de emociones y sensaciones agradables que... normalmente ya no sentimos en las relaciones duraderas y estables.

Entonces ¿quiere decir que sentimos más por una persona desconocida que por nuestra pareja?

No tiene por qué, tan solo sentimos diferente. Y no está mal que nos lo planteemos, porque tenemos derecho a decidir y elegir qué queremos en cada momento.

El miedo a que la respuesta a lo que queremos no sea nuestra pareja, o que no lo sea para siempre, nos limita, nos hace forzarnos a querer vivir una realidad que tal vez no sea la nuestra. La mejor forma de que nuestro amor sea duradero es tomar conciencia de esa realidad. Es decir, si nos sentimos atraídos por otras personas, no hace falta poner toda nuestra energía en que no sea así. Es mejor que centremos nuestros esfuerzos en construir un equipo tan fuerte, tan sano y que nos sume tanto que nos sobren motivos para seguir eligiéndolo entre tantas opciones, entre tanto mundo.

6. Nuestros proyectos

¿Encajan nuestras piezas en un futuro? Una parte importante del amor es la estabilidad. Si nuestro amor encaja hoy pero sabemos que no lo va a hacer mañana, nos hace sentir nuestro equipo como algo frágil, que en cualquier momento puede romperse y eso genera inseguridad y vulnerabilidad. Está bien elegirnos hoy sin saber si lo vamos a hacer mañana, pero **necesitamos saber que estamos construyendo algo con sentido.**

Es importante que el amor te sume hoy, pero no te va a sumar todos los días. Hay días que son de esfuerzo, de solucionar problemas, de adaptarte al otro, de aprender a hacerlo mejor juntos. Esos días conllevan un sufrimiento que solo tiene sentido si sabemos que nos sirve para construir algo mejor, algo que podamos disfrutar ambas partes a largo plazo.

Imagina que inviertes tus ahorros, tu tiempo y tus fuerzas en construir una casa. Una casa que quieres que sea lo más perfecta posible, que te haga sentir a gusto, cómoda y segura. Si sabes que es la casa donde te vas a quedar siempre, ¿cuánto estarías dispuesta a invertir?

Y si sabes que esa casa va a ser demolida en dos años, ¿cuánto invertirías entonces?

Como hemos dicho, el amor requiere mucho esfuerzo, y es por eso por lo que necesitamos darle un sentido.

Por eso es importante que ese amor sea también un proyecto. Una casita que construyamos entre los dos. Al ser compartida, vamos a tener que llegar a muchos pactos, a un sinfín de puntos intermedios. Necesitaremos algún tiempo para ponernos de acuerdo en cómo queremos que sea esta casa. Renunciamos a algunas cosas que nos gustarían para darle las que necesita la otra persona. Pero si en nuestra casa no está lo que necesitamos, no querremos vivir en ella. Por eso son tan importantes los límites en las relaciones: si esa persona no te da el amor que necesitas, no te vas a quedar. Por mucho que te guste, por muy querida y deseada que te haga sentir, por muchos buenos momentos que haya, no es tu hogar. Y en las relaciones hay que crear ese hogar entre los dos. Un hogar donde nos sintamos cómodos, seguros, en casa. Un hogar donde siempre queramos volver porque lo sintamos como nuestro refugio, nuestro lugar. Y las dos personas lo tenemos que sentir así. Es en ese preciso momento cuando nuestro amor se transforma en nuestro proyecto. Un proyecto que, una ver formado y construido, es importante seguir cuidando. Como en todas las casas, para que duren y para seguir sintiéndonos a gusto en ellas, hay que ordenarlas, limpiarlas... Arreglar algunas cosas que por uso o por desuso se rompen. Modificar algunas otras porque nos hemos cansado o ya no las vemos igual. Las relaciones también son eso.

A veces, dejamos de pasar tiempo de calidad juntos por la rutina o nos faltan momentos de intimidad y pasión... y se ha roto algo por desuso. Hay que arreglarlo. En otras ocasiones algo cambia en uno de los dos y ese sofá que nos pareció precioso el primer día, ya no nos lo parece... y hay que hablarlo, cambiarlo, volver a decidir entre los dos cómo queremos que sea ahora, tomar nuevas decisiones. **Durante la relación se van a plantear muchas necesidades de acuerdos, de decisiones, que debemos valorar si queremos o no queremos tomar.**

Es verdad que, cuanto más hayamos invertido en nuestro proyecto, en nuestra casa, más va a costar tomar la decisión de dejarla. Sentiremos que hemos invertido tanto que... ¿lo tiramos todo por la borda? **Cuanto más largas son las relaciones, más sentimos que perdemos al plantearnos dejarlo.** Sentimos que perdemos todo el esfuerzo que hemos hecho, todo lo que hemos construido juntos, que perdemos un proyecto fuerte y estable, que se van todos los planes que teníamos. Decidir dejar una casa en la que hemos invertido tanto es muy difícil, genera una sensación de vacío y fracaso que puede hacer que queramos quedarnos a toda costa. **Pero, si esa casa no la sentimos hogar, por mucho que hayamos invertido en ella, ¿nos vale la pena quedarnos? ¿Para qué?** No quieres levantarte todos los días en un sitio donde no eres feliz. Todo ese esfuerzo nos sirve para demostrarnos que somos capaces de crear hogar, compartido o propio. Y que podemos volver a crearlo.

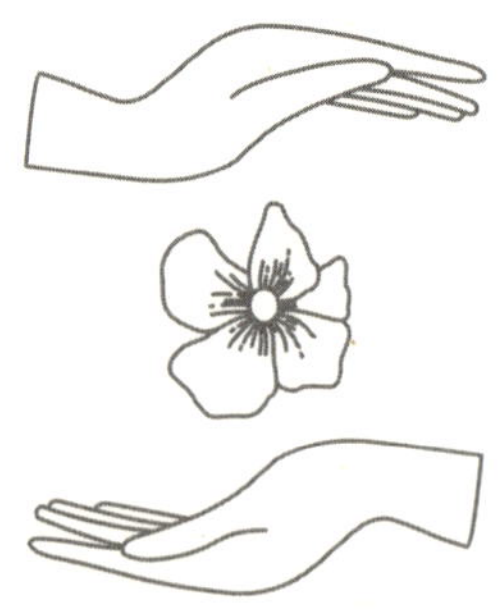

EJERCICIO 5:

¿Qué es para ti el amor?

¿Qué es para ti el amor? Define tu propio concepto de amor.

....

....

....

....

....

....

....

....

....

....

....

....

....

....

....

3

Los pilares de una relación sana

Para construir una relación firme y sólida es importante marcar bien los pilares que van a sustentarla. **Cada uno construye su relación a su manera, con sus prioridades.** Debemos tener claros cuáles son los pilares de nuestro concepto de amor, compartirlos con nuestra pareja, escuchar los suyos y llegar a un acuerdo de cuáles van a ser los que finalmente sustenten nuestra relación, nuestro concepto de amor compartido.

Construir los pilares de nuestra relación es el primer reto en equipo al que nos enfrentamos y, probablemente, uno de los más importantes.

Nos permite también conocernos mejor ya que van muy ligados a los valores personales y, a su vez, nos da grandes pistas sobre si encajamos el uno con el otro, si tenemos visiones del amor que puedan unirse, y que sean compatibles. Y ya no solo determinan si puede haber vínculo o no, sino también la calidad de ese vínculo, ya que sobre él se va a sustentar nuestro amor. **Como cualquier pilar, ofrece estabilidad y seguridad a la pareja.** Los pilares marcan la dinámica de la relación, por lo que es muy importante que sean consensuados, que ambas partes nos sintamos cómodos con ellos y, por tanto, tomemos también un compromiso para mantenerlos.

Aunque estos pilares se establezcan al principio de la relación, pueden y deben revisarse.

Deben hablarse, modificarse y transformarse siempre que se considere necesario, y deben adaptarse a los cambios, a las circunstancias y a las diferentes etapas de la relación.

1. Compromiso

Lo que marca el paso entre el momento en el que nos estamos conociendo con alguien hasta que establecemos una relación de pareja es el compromiso. **El compromiso es una decisión conjunta, la decisión de comprometernos a nuestro proyecto común, a ser un equipo.**

El compromiso en una relación es importante porque es lo que le da solidez a la pareja. Implica el acuerdo de unas normas y unos límites, una serie de pactos, y una definición de relación que tenemos que respetar y cuidar.

Primero hay un acuerdo y luego un compromiso con ese acuerdo. El acuerdo lo establecemos entre las dos personas y responde a la pregunta de cómo va a ser nuestra relación. Es justo ese momento del que tanto hemos hablado, el momento en el que tu concepto de amor y el de la otra persona se unen para formar uno conjunto.

Hay tantas uniones, tantos acuerdos, como posibles parejas en el mundo, es decir, infinitos. Este momento es especialmente sensible porque va a marcar en gran parte cómo va a ser la relación, por lo que debemos asegurarnos de que ambas partes nos sentimos identificadas y satisfechas con ese concepto de amor que vamos a asumir y con el que decidimos comprometernos. **En este punto, es muy importante marcar nuestros límites, utilizar todos los conocimientos sobre nosotros mismos y nuestros valores, conectar con lo que sentimos y necesitamos, con nuestro concepto de amor.** Así llegaremos a un buen acuerdo, a un acuerdo que de verdad nos identifique a las dos partes y, por tanto, con el que no nos cueste comprometernos. Porque sí, el compromiso sale solo cuando sabemos que con aquello con lo que nos comprometemos nos hace felices y nos suma. Si no, el compromiso no tiene sentido. Es peligroso comprometernos con algo que no podemos o no vamos a querer asumir, igual que aceptar unas condiciones que no nos van a dar lo que necesitamos.

El momento del acuerdo es el principio del vínculo, cuando la mezcla del enamoramiento y las hormonas por las nubes nos hacen sentirnos eufóricos, capaces de todo. En ese momento sí que caemos en todos esos mitos románticos: el amor lo puede todo, es para siempre y lo tengo aquí, con mi amor verdadero... **En medio de esa euforia podemos caer en aceptar cualquier condición con tal de seguir viviendo ese amor.** Pero como todo lo que sube, baja, y cuando baja el enamoramiento viene la realidad, el momento donde nos damos cuenta de que no todo es tan fácil, de que el amor conlleva esfuerzo y no siempre satisfacción. **Ahí es cuando se solidifica el acuerdo, las bases, el compromiso.** Por tanto, mientras disfrutamos del enamoramiento, mantengamos un poquito nuestra parte racional en alerta, para ser capaces de detectar señales de alarma, marcar límites y acuerdos sanos.

2. Flexibilidad y capacidad de adaptación

Las relaciones, como estamos viendo, están llenas de acuerdos y, para llegar a un punto intermedio, debemos mantenernos flexibles. **Ser capaces de adaptarnos a un**

nuevo concepto de amor puede no ser una tarea fácil, pues es complicado saber en qué puedes ceder desde una actitud abierta y en qué momento no, o saber cuándo toca marcar límites. Aquí de nuevo cobrará mucha importancia **nuestro autoconcepto, conocernos y saber qué buscamos y necesitamos.** Qué aspectos de nuestro concepto de amor no se pueden modificar porque, si no, perdería el sentido; cuáles estamos dispuestos a debatir y adaptar. Algo que puede ayudarnos a hacer esta distinción es mantenernos conectados con nuestro mundo emocional. **El cuerpo no engaña,** nos da siempre todas las pistas, es nuestra guía, nos indica con sensaciones de malestar y bienestar, con emociones, lo que sí y lo que no. **Simplemente, escúchate.**

Las relaciones son una adaptación constante, una adaptación que empieza en el acuerdo, pero que se mantiene durante toda la relación a diferentes niveles.

Por una parte y siguiendo con lo que decíamos, la capacidad de adaptación propia, la cual implica estar dispuestos a tener una mente abierta ante el cambio, ante otras posibilidades, realidades y puntos de vista. **Enfrentarte a diferentes perspectivas y estar dispuesta a escu-**

charlas desde una actitud de aprendizaje. A veces, nos sale un rechazo automático hacia lo diferente. Pero la vida es diferencia y, la persona que tenemos delante, también lo es. **Si pretendemos salir a vivir, tener relaciones, conocer y crecer, debemos estar abiertos a escuchar la diferencia**, a tolerarla y, ¿por qué no?, a aprender de ella e integrarla, sin miedo a transformar y cambiar nuestras ideas. Porque solo así crecemos. Solo así hay posibilidad de aprendizaje, estando dispuestos a tolerar lo diferente. **Y, cuando entendemos esto, se hace magia en la relación.**

Una gran parte de las discusiones de pareja se centran en discutir sobre la diferencia, en **«me enfado porque te has enfadado por algo por lo que yo no me habría enfadado».** Suena absurdo dicho así, pero es un reflejo de la cotidianidad de una pareja, discutir porque lo habría pensado, sentido o hecho diferente. Y es que sí, somos personas diferentes y actuamos de manera diferente.

Dejemos de negar la diferencia, aprendamos a tolerarla y aceptarla.

Aprendamos a respetar el enfado de la otra persona, aunque tú lo hayas sentido diferente. O creas que lo habrías sentido diferente. Porque, además, tendemos a juzgarlo sin haber estado exactamente en el lugar de la otra persona... **«Yo no me habría enfadado por esto».** Bueno, en realidad no lo sabemos, no hemos vivido esa situación en esas circunstancias y en ese momento concreto. Y, aunque creamos que no, que no nos habríamos enfadado, está bien. **Está bien que lo podamos sentir y vivir diferente.** Entender la diferencia implica, también, escucharte desde la comprensión. Si entendemos que el hecho de sentir diferente no es un problema, respetamos el enfado de la otra persona, aunque lo hayamos sentido de manera diferente. La estamos escuchando, abrazando y, por tanto, dejándola ser.

Cuando no dejamos ser, tanto a nosotros como a los demás, las emociones aumentan, no pueden fluir, no pueden ser gestionadas y, por ende, liberadas.

Cuando alguien se enfada porque nos hemos enfadado, nos enfadamos todavía más. Y es normal, porque tenemos derecho a sentir enfado y nadie debería negárnoslo.

Por otra parte, las relaciones también necesitan capacidad de adaptación en sí mismas. Lo que va a hacer que una relación sea duradera es que sea capaz de adaptarse al cambio. Como comentamos en el capítulo anterior, las personas, cada uno de nosotros, cambiaremos y, las circunstancias, nuestro entorno, también lo harán. En consecuencia, debemos ser un equipo flexible, abierto al cambio. **Esa capacidad de adaptación pasa por una buena comunicación.** Ante el cambio toca sentarse y hablar. Hablar de qué está sucediendo y de qué supone esto para mí, para ti y para nosotros, para nuestra relación: cómo afecta, cómo nos hace sentir, qué necesidades genera en nosotros. **Y, a partir de ahí, qué hacemos ahora, qué decidimos hacer como equipo, cómo vamos a adaptarnos.** Eso nos hace fuertes, estables, creamos una casa capaz de soportar cualquier temporal, como los días de sol, pero también de lluvia, viento y huracán. Porque sí, van a venir. Va a haber malas noticias, momentos en los que el trabajo no nos deje lugar para nosotros ni nuestro tiempo de calidad, momentos en los que tengamos que renunciar a algo, momentos en los que uno no estará bien y el otro soportará la casa, momentos de presión, de cambio, de incertidumbre… **Pero confiamos en nuestra capacidad de adaptación, en que tenemos una casa fuerte y firme, y en que podemos ser mucho más fuertes ante cualquier adversidad que se genere dentro y fuera de la relación.**

3. Afinidad y complicidad

La afinidad en una relación se puede dar a muchos niveles. **Podemos ser afines en cuanto a personalidad, gustos, valores, objetivos y proyectos**, pero también se puede crear **afinidad dentro de nuestro mundo emocional, compartir y conectar, sentir unión y crear un espacio seguro, un refugio.**

La afinidad puede aparecer simplemente por sí sola, que la conexión se establezca porque, en este caso, las piezas han encajado, o bien puede crearse. En ambos casos, lo que sí va a ser necesario es asegurarse de que se mantenga.

Cuando se crea afinidad es porque hemos encontrado el punto de unión y es ahí donde surge la conexión y pasamos a sentir la complicidad. Nos sentimos aliados, equipo… cómplices. Sentir complicidad es necesario, hace que la pareja sea un espacio seguro donde compartir y nos ayuda a gestionar las dificultades porque hacemos equipo ante ellas. Nos permite conectar, abordar las situaciones juntos y, por tanto, gestionar mejor las situaciones a las que vayamos a enfrentarnos como pareja.

Mirarnos un rato largo a los ojos, tocarnos y abrazarnos, planear momentos juntos, rodearnos de sensaciones agradables, hablarnos y escucharnos, pasarlo bien, reírnos, bromear, tener nuestro propio lenguaje del amor, compartir bromas que solo nosotros entendemos...

Todo eso es conexión, es complicidad.

La complicidad es algo que puede y debe trabajarse. Por un lado, hablando de cómo solucionar problemas, crear patrones dentro de la relación, por ejemplo, sobre qué hacer, cómo hablar, cómo comunicarnos ante las dificultades. Porque, **que haya complicidad y afinidad no quiere decir que no haya discusiones**, sino que sabemos cómo hacer unión ante ellas, nos sentimos parte de un mismo bando. Y, por otro lado, creando momentos que permitan que esa conexión que se deriva de la complicidad reluzca, tenga su momento de esplendor y se haga evidente, podamos ser conscientes y disfrutemos de ese momento conectados.

Cuando la pareja pasa por un mal momento, lo primero que falla es la complicidad, perdemos esa conexión. Eso hace que ya no nos sintamos como un equipo, los problemas puedan atacarnos más fuerte, estamos mucho más vulnerables ante lo que pueda golpear la relación. Por eso, es importante ir evaluando **nuestra complicidad**, dice mucho de cómo está **nuestro vínculo**, habla de nuestra unión, así que debemos prestarle atención y saber reconocer si tenemos momentos cómplices y si conseguimos conectar en ellos.

Cuando no se establece esa sinergia entre nosotros es la primera señal de alarma. No pasa nada, es normal y nos va a suceder. **Para eso están las alarmas, para escucharlas y apagar el fuego a tiempo.** Cuando no conectamos toca sentarnos, hablar y reconocer el problema para poder solucionarlo. **No es lo mismo solucionar el problema que recuperar la conexión.** Cuando pasamos un mal momento la pareja sufre, se resiente y todo eso genera resaca emocional, podemos notar cierto distanciamiento con nuestra pareja aun después de solucionar un problema, ya que hemos estado desconectados algún tiempo. **Ahora toca reconectar.** Preocuparnos por crear espacios íntimos donde podamos compartir y acercarnos, prestar más atención y dedicar más esfuerzo a los detalles. Volver a reencontrarnos con la mirada. La conexión es algo muy sensible, se pierde rápido y cuesta recuperarla, pero es **la unión que mantiene la relación**, es eso que hace que el amor nos parezca algo mágico.

4. Confianza y lealtad

Quizá una de las primeras palabras que se nos venga a la cabeza cuando hablamos de los pilares de una relación sea la confianza.

La confianza da seguridad y la seguridad, tranquilidad.

Si la relación es inestable, si no hay confianza, no hay relación posible. O, por lo menos, no una sana. Porque las relaciones deben ser un lugar seguro, cómodo y tranquilo, como hemos dicho, un hogar. **Si no nos sentimos seguros y protegidos en casa, no es un hogar.** Las relaciones, como nuestra casa, es el lugar donde descansamos, nos olvidamos del ruido de fuera, es donde más tranquilos nos sentimos, **mi pareja no debe ser nunca un lugar inseguro.**

La confianza es una decisión, la de confiar en ti, en otra persona y en el compromiso que habéis establecido. Está claro que las decisiones más firmes y que tomamos con más seguridad son aquellas que se sustentan en muchos motivos, por lo que un vínculo trabajado, en el que hay sinceridad y comunicación, facilita mucho la decisión de confiar. **Es fácil confiar si sabemos que lo compartimos y lo comunicamos todo**, que conoces cómo se siente la otra persona hoy y que te va a permitir conocer cómo se sentirá mañana.

A la confianza hay que darle motivos para confiar.

Igual pasa a la inversa: los comportamientos inconsistentes, las pequeñas mentiras, aunque sean irrelevantes, la falta de comunicación… nos alejan, nos hacen sentirnos como desconocidos. Y en un desconocido no se confía. No sabes qué piensa, qué siente, qué necesita… Y ahí puede aparecer uno de los escollos principales en muchas relaciones: los celos.

Los celos son normales. Nacen de la necesidad de conservar algo que queremos, algo que es importante para nosotros. Las personas mostramos celos desde que nacemos, con nuestros hermanos, amigos, con nuestra madre…

Queremos sentirnos queridos, atendidos, priorizados, más que nadie, más de lo que atienden o priorizan a otras personas, porque eso quiere decir que nuestro vínculo es especial para esa persona, tanto como lo es para nosotros. Sentimos el vínculo, por tanto, más seguro y estable.

Cualquier pequeña conducta en la que veamos que eso ha dejado de ser así, activa nuestra alarma en forma de celos.

Es la manera que tiene el cerebro de avisarnos de que un vínculo importante corre peligro.

Los celos son un cóctel emocional, una mezcla de inseguridad, miedo, incertidumbre, ansiedad, tristeza... y como todas las emociones, **los celos tienen una función determinada**. Vienen a decirme algo y debemos escucharlos para cumplir con nuestra necesidad emocional.

Para gestionar los celos y, también, cualquier otra emoción, empezamos preguntándonos por qué han venido, qué motivo los ha detonado. **Los celos pueden nacer originados por heridas, miedos e inseguridades** que nos generan una cascada de pensamientos negativos hacia la relación sin coherencia ni fundamento.

Nuestras heridas pasadas hacen que se detonen nuestras alarmas emocionales, a veces, por error. Si hay algo que nos ha dolido mucho, nuestro cerebro lo asocia como una alarma para que, cuando prevea que se puede volver a producir aquello que tanto sufrimiento nos generó, se active y nos permita prevenirnos para no formar de nuevo **una herida.**

Simplemente, conocemos lo que nos ha dolido y aprendemos de ello para evitar que vuelva a doler. Eso es muy humano y adaptativo, un sistema que necesitamos para sobrevivir. El problema es que las alarmas emocionales detonan **cuando el estímulo es real, pero también cuando puede serlo**, aunque no necesariamente lo sea. Pensemos que es una alarma ante un peligro, podemos permitirnos que la alarma se active «sin querer» cuando realmente no había ningún peligro, pero jamás podemos permitirnos que la alarma no se active cuando realmente lo hay.

Entonces, las alarmas emocionales se activan con motivo y, también, ante muchos «por si acasos».

Ahí es cuando aparece el problema en nuestras emociones; cuando sentimos mucha ansiedad, pero nuestro entorno está estable; cuando sentimos mucha tristeza, pero todo está bien; cuando sentimos mucho miedo, pero no hay ningún peligro real; o cuando sentimos mucha inseguridad y celos, pero no hay nada que perjudique nuestro vínculo.

No hay ninguna señal, no hay ningún problema en la relación, pero detonan en nosotros pensamientos negativos de que nuestra pareja se puede ir, aunque sea sin fundamento, pero se sienten igual, con mucha ansiedad y miedo a perder a esa persona. **Son emociones tan fuertes y dolorosas que necesitamos calmarlas de alguna manera** y, generalmente, buscamos a nuestra pareja para hacerlo, las volcamos en la otra persona. Eso puede recibirse por su parte como un ataque que no comprende, por qué si no ha hecho nada dañino para la relación, no ha vulnerado ningún límite o norma, ¿por qué arremetes de esta manera contra ella?

Y ahí tenemos las grandes heridas que generan los celos, que son arrolladores.

La realidad es que no sabemos qué hacer con ellos y, como hacen referencia a mi relación, busco que mi pareja los calme, pero… no son su responsabilidad. O al menos no en este caso, cuando detectamos que nacen de heridas pasadas o de inseguridad propia.

Es normal que sintamos la necesidad de volcar lo que nos hace daño en nuestra pareja. Si es nuestro lugar seguro, sabemos que ahí podemos encontrar calma, pero eso puede generar una sobrecarga, ya que nuestra pareja no siempre está disponible a nivel emocional para hacerse cargo de nuestras emociones. **Buscar nuestra regulación en otra persona hace que se genere una dependencia hacia ella.** Pasamos a necesitarle para estar bien, para estar tranquilos. Necesitamos que esté constantemente pendiente de calmarnos, de demostrarnos amor, buscamos confirmaciones constantes de que sigue a nuestro lado. Y eso, es injusto, es injusto cuando todos los días está, pero la inseguridad no nos deja verlo. **Por tanto, es muy importante, aprender a autorregularnos, a hacernos cargo de nuestras emociones** y, después, por supuesto, decidir si queremos compartirlas en pareja. Está bien sentarnos, compartir lo que sentimos, ser escuchados y abrazados. Crear esa conexión emocional es maravilloso, pero siempre haciéndolo desde ese punto, desde el compartir, conectar, permitirnos conocer más y mejor nuestro mundo emocional y el de la otra persona.

Pero los celos y la inseguridad no siempre nacen dentro de nosotros, a veces esas alarmas detectan peligros reales, por lo que es importante diferenciar si el motivo viene determinado por un comportamiento en la otra persona que nos hace daño, franquea alguno de nuestros límites o rompe alguna de las normas que habíamos acordado para nuestra relación.

En este caso, el proceso de regulación emocional se inicia igual: escuchamos la alarma, escuchamos nuestra emoción (¿qué nos está diciendo?, ¿de dónde nace?), buscamos su causa o el motivo que la ha detonado y la resolvemos, cumplimos con la necesidad.

Si la inseguridad nace de nosotras mismas, la gestión es propia, interna; pero si nace de la relación, desde algo que ha hecho otra persona que me hace daño o rompe alguno de nuestros límites, la gestión es de la relación, es compartida. Cuando nuestra emoción implica de esa manera el comportamiento de otra persona, la herramienta es la comunicación. **Ha nacido un problema y debemos resolverlo, entre los dos.**

Independientemente de cuáles sean los factores que detonan nuestras respuestas emocionales, de si son nuestras heridas gritando o son alarmas ante puntos de insatisfacción en nuestros vínculos, la pareja debe ser un lugar seguro donde poder expresar siempre cómo nos sentimos y ser escuchados y abrazados. **Porque es realmente eso lo que cuida que pueda haber confianza, saber que pase lo que pase, somos un equipo ante ello.**

5. Respeto y valores

El respeto es lo mínimo en cualquier vínculo, es algo innegociable. El respeto es la valoración, la consideración, la demostración de que eres importante, valioso. **Si no hay respeto, no hay relación posible.** No sería un vínculo positivo y, ¿para qué mantenerlo entonces? Hay muchas cosas que no podemos elegir en nuestra vida, circunstancias, situaciones y malas noticias, pero los vínculos sí. **La gente de la que nos rodeamos es algo que podemos elegir y debemos hacer uso de ese derecho.** Siempre que un vínculo nos genere malestar o sensaciones desagradables, recordemos que podemos dejar ir, elegir el soltar eso que nos duele. Puede que sean buenas personas, que nos hayan sumado durante mucho tiempo, que sean amigos de toda la vida o familiares cercanos, pero si, por lo que sea, nos generan sufrimiento, podemos dejar ir.

Nuestras relaciones implican la dedicación de mucho esfuerzo, atención y cariño; no vale la pena retener vínculos vacíos y dañinos.

Está claro, y este libro no hace más que demostrarlo, que las relaciones son complicadas y que, muchas veces también, implican sufrimiento. Las emociones desagradables primero, deben ser autogestionadas, escuchar qué sentimos y por qué nos sentimos así y, si la relación está siendo dañina, compartirlo para tratar de solucionarlo. Pero cuando los vínculos nos demuestran una y otra vez que son constante sufrimiento, que se hacen heridas siempre en los mismos sitios, que nada cambia o que, simplemente, nada aportan… igual es que es el momento de dejar ir y liberarnos de ello.

Por lo que respecta a los valores, las decisiones no son tan tajantes, no es si están o no, como el respeto, es si pueden unirse, si los valores de uno y otro encajan y pueden formar algo conjunto. **Los valores que sustentan una relación son como toda su coraza, marcan cómo nace, en qué se va a sustentar, cómo se va a mantener y cómo se va a desarrollar.** Por tanto, en algo que está tan presente, es importante asegurarnos de que encajamos. Encajar no es compartir los mismos valores, es que puedan unirse y que, conjuntamente, formen un acuerdo mutuo en cuanto a los que van a caracterizar nuestra relación, nuestro concepto de amor.

Los valores dicen mucho de las personas, al igual que dicen mucho de las relaciones.

Dicen mucho de quiénes somos, son en base a lo que actuamos, definen hacia dónde queremos crecer y cómo lo queremos hacer. Si conocemos nuestros valores y nos sentimos a gusto con ellos, nos sentimos más conectados con nosotros mismos, con nuestra persona, tomamos decisiones más seguras y actuamos con más dignidad y confianza.

Conocer los valores de mi pareja también es importante, porque de ahí surge la admiración. Esto vendría a ser como la autoestima de la relación, la valoración que hacemos de ella. La admiración es de las palabras de amor más grandes que podemos transmitir.

Es la sensación de fortuna, de agradecimiento por la persona que nos acompaña, por tanto, hace que nazca la necesidad de cuidarla. Y genera en mi pareja la sensación de sentirse vista y valorada, querida, capaz y fuerte. Nos sentimos importantes en nuestra relación, relevantes, que nuestra opinión cuenta, que somos escuchados.

Por eso digo que es la autoestima de la relación y, por tanto, es importante cuidarla. Ser capaces de ver, reconocer y valorar las cualidades y logros de nuestra pareja porque, al igual que nos pasa con nosotros mismos, eso es reconfortante, es el reflejo del amor.

Recordemos que cuando tenemos amor propio nos sentimos más capaces y fuertes.

Es la gasolina, la motivación que nos mueve a ir a por nuestros objetivos, lo que nos lleva a querer seguir creciendo, logrando, avanzando. La admiración es el motor de la pareja, nos impulsa, nos permite crecer a nivel personal y como equipo. Un coche sin gasolina puede ser muy bonito, estar reluciente, funcionar muy bien, pero nunca va a avanzar. Lo mismo pasa en las relaciones; sin gasolina, **sin admiración, sin la confianza el uno en el otro de que somos capaces, no avanzaremos.**

La importancia de nuestros valores varía a lo largo de nuestra vida. Las personas estamos en constante cambio y crecimiento y, en consecuencia, nuestros valores y los que caracterizan nuestra relación también lo están. No solo cambian nuestros valores, sino también la importancia que les damos a cada uno de ellos, pues no todos conectan con nosotros con la misma intensidad, ya que son jerárquicos. Debemos conocer nuestros valores y hacerlo en cada momento vital. Conectar con ellos, conectar con quienes somos y también conectar con nuestros valores y los de la otra persona y valorar si siguen siendo compatibles y pueden unirse en la relación.

EJERCICIO 6:

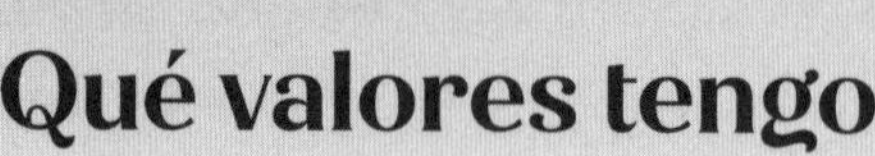

Qué valores tengo

Ordena esta lista de valores de mayor a menor importancia según te sientas identificado. Puedes preguntar a las personas de tu entorno con qué valores te asocian.

En este caso, te recomiendo que busques relaciones en diferentes ámbitos y ambientes, pues no ponemos en práctica los mismos valores con nuestros amigos que con nuestra familia o en el trabajo. Nos comportamos de manera distinta según el ambiente y sacamos a relucir las partes de nosotros que más prácticas nos son en cada circunstancia y eso, de cierta manera, forma parte de nuestros valores.

- Respeto
- Igualdad
- Justicia
- Tolerancia
- Libertad
- Bondad
- Amistad
- Amor
- Solidaridad
- Paz
- Verdad
- Honestidad
- Honor
- Honradez
- Aprendizaje
- Perseverancia
- Empatía
- Valentía
- Altruismo
- Gratitud
- Autodominio
- Sabiduría
- Compasión
- Responsabilidad

Una vez que hayas ordenado tu lista de valores, da a cada uno de ellos el significado que tiene para ti. Piensa en qué son y en qué te benefician, cuándo los pones en práctica y qué valores te añaden como persona.

Repetimos el ejercicio, ordenamos de mayor a menor los valores, pero haciendo referencia esta vez a cuáles quiero que tenga mi pareja. De quién quiero rodearme, con qué persona quiero compartir mi concepto de amor.

- Respeto
- Igualdad
- Justicia
- Tolerancia
- Libertad
- Bondad
- Amistad
- Amor
- Solidaridad
- Paz
- Verdad
- Honestidad
- Honor
- Honradez
- Aprendizaje
- Perseverancia
- Empatía
- Valentía
- Altruismo
- Gratitud
- Autodominio
- Sabiduría
- Compasión
- Responsabilidad

Repetimos por última vez el ejercicio ordenando los valores que quiero que caractericen nuestro concepto de amor.

- Respeto
- Igualdad
- Justicia
- Tolerancia
- Libertad
- Bondad
- Amistad
- Amor
- Solidaridad
- Paz
- Verdad
- Honestidad
- Honor
- Honradez
- Aprendizaje
- Perseverancia
- Empatía
- Valentía
- Altruismo
- Gratitud
- Autodominio
- Sabiduría
- Compasión
- Responsabilidad

6. Comunicación

Si el vínculo sano es el objetivo y todo lo que hemos mencionado anteriormente los ingredientes, la comunicación es la herramienta. Es a través de lo que vamos juntando y cuadrando los ingredientes para conseguir el fin, la relación, nuestro concepto de amor.

Necesitamos mucha comunicación, pero no cualquier comunicación.

Hablar hablamos, a veces hasta discutimos, comunicamos, pero no sirve, no funciona, no cambia nada. Y es que la comunicación debe ser útil, enfocada a la comprensión, al entendimiento y a la solución. Para asegurarnos de que nuestra comunicación es la adecuada debemos tener en cuenta:

Cuándo: elegir un buen momento

No podemos comunicar algo importante con prisas o cuando uno de los dos no está regulado emocionalmente, está muy cansado después de todo el día, enfadado por una discusión que se acaba de producir, triste o estresado por algún motivo más personal…

Tendemos a hablar las cosas importantes en mitad de discusiones cuándo las emociones están a flor de piel y cogen las riendas de lo que digo y hago, justo en el momento dónde soy totalmente emocional, por tanto, mi capacidad racional está en segundo plano. Es normal, ya que cuando discutimos es porque algo me duele en ese momento o me ha dolido recientemente, por lo que nace en mí la necesidad de resolverlo para calmar ese dolor. Pero no, no es el mejor momento de arreglarlo, es el momento de liberar, expresar y autorregularme emocionalmente, pero no de resolverlo.

Liberar hace referencia a mi plano emocional, igual que resolver lo hace a mi plano racional.

Para resolver necesitamos estar regulados para poder pensar con claridad y tranquilos y abiertos para poder conectar y entender, tanto la situación a nivel general como la forma en la que los dos lo hemos sentido, vivido e interpretado. **Cuando el plano emocional es muy intenso, no deja espacio a mi parte racional**, así que necesariamente precisaremos un tiempo para que las emociones bajen en su intensidad y le permitan a mi parte racional entrar en el juego. Todos hemos dicho y hecho cosas estando muy enfadados de las que nos arrepentimos poco rato después. Esto es el claro ejemplo de cómo actúa mi parte emocional y, cuando mi parte racional se activa, valora la situación desde la serenidad y la coherencia, desde nuestros valores, tomando decisiones más reflexivas.

Diferenciamos los dos planos y la diferencia entre las dos necesidades.

Una vez hemos atravesado el primer plano, mi parte emocional, y hemos cumplido la necesidad de liberar, expresar y regular, nuestro segundo plano se reactivará para poder cumplir con la segunda necesidad: resolver para mantener y cuidar el vínculo.

Para que la conexión pueda darse adecuadamente, necesitamos estar disponibles para ello, por lo que es fundamental elegir un momento de calma, con tiempo, en el que nos sintamos abiertos y preparados.

Dónde: espacios íntimos y seguros

Al igual que el momento puede facilitar la conexión, el espacio también.

Escoger un lugar tranquilo que nos genere la sensación de intimidad, en el que podamos sentirnos cómodos, nos predispone a abrirnos más y conectar mejor. En este punto debemos tener en cuenta aspectos del entorno: **el espacio, los estímulos que nos rodean, un lugar dónde podamos estar solos y sea agradable para los dos.** Pero, también, tener en cuenta aspectos relacionales. Y es que la seguridad, comodidad e intimidad son sensaciones que creamos nosotros mismos, y aunque el espacio exterior ayuda a ello y puede facilitarlo, lograrlo solo depende de nosotros. **Es fundamental que la pareja sea un espacio seguro donde expresar.**

La seguridad se transmite cuando nos mostramos dispuestos a escuchar y conectar, cuando tenemos una actitud abierta ante la otra persona. Debemos crear un espacio donde las emociones sean escuchadas, validadas y nunca juzgadas, sino abrazadas. Puede que tú lo hayas sentido diferente o creas que lo sentirías diferente en el lugar de la otra persona, pero, si así es cómo se ha sentido el otro, toca escuchar y abrazarlo. **Recordemos que las emociones no se eligen, vienen porque tienen que venir y cuando tienen que venir, tienen una función determinada.** No podemos juzgarnos por algo que no hemos elegido sentir. Nadie elige sentirse enfadado o triste, sucede porque lo requiere la situación según la hemos valorado. Esto a ti te ha molestado y viene el enfado para informarte de ello y poder expresar tu límite. Lo que enfada a la otra persona, lo que le molesta y lo que necesita es diferente, pero siempre es igual de respetable. **El primer paso para poder solucionar conflictos y llegar a un punto en común es conectar a nivel emocional,** entender cómo esa situación nos ha hecho sentir, qué nos ha generado a cada uno de nosotros y qué necesitamos ahora. Y solo estamos dispuestos a conectar ante un lugar seguro.

Qué y cómo: hablar desde el amor

Es importante qué comunicamos y cómo lo comunicamos. Y en este punto es cuando llega la comunicación asertiva. Porque sí, **hay muchas maneras de decir las cosas y, un mismo mensaje, puede generar sensaciones y resultados completamente diferentes.** Nos interesa hablar de resultados, pues recordemos que la comunicación es la herramienta para un fin, un objetivo compartido, que es cuidar el vínculo y permitir que avance. No solo es importante saber qué herramienta utilizar (la comunicación), sino saber utilizarla bien para que funcione.

Las tres normas de la comunicación asertiva:

- **Hablar siempre desde el plano emocional.** Cuando hablamos desde lo que sentimos, creamos un espacio sagrado, como hemos mencionado en el apartado anterior. Las emociones no se juzgan, sino que directamente activamos la escucha y la comprensión cuando hablamos de ellas. **Puedo no entender tu emoción, pero sí respetarla, no estar de acuerdo, pero sí abrazarla.**

- **Aquí no entra el ego.** Tenemos los dos el mismo objetivo: comunicarnos para entendernos, comprendernos y así poder resolver y solucionar, reconectar, mejorar y mantener nuestra relación. Entonces, no juguemos en equipos contrarios, así solo vamos a perder. **Ante el**

mismo objetivo, remamos hacia la misma dirección, juntos, como equipo. Jugar a ver quién tiene más culpa nos hace daño, nos separa y nos aleja más. Las discusiones siempre se convierten en una lucha de egos, no queremos perder, necesitamos quedar por encima, demostrar que tenemos razón y ganar. Pero... ¿ganar el qué? **En un equipo no entra el ego, no buscamos culpables, ni quién tiene más razón**; buscamos entendernos, siempre poner el foco en escuchar para comprender, no en escuchar para reprochar.

- **Nos centramos en la situación y no en la conducta.** Algo que dificulta mucho llegar a un entendimiento es centrar la atención en la conducta. Ahí estamos reprochando, en ese momento estamos jugando en contra de la otra persona. De nuevo, buscamos ganar, ganar al otro. Lo atacamos personalmente, atacamos su conducta y le culpamos de nuestra emoción. Cuando una persona se siente atacada, se defiende y, si el ambiente es hostil, se defiende con otro ataque. De nuevo, lucha. Cuando nos centramos en la relación, es un problema compartido. No buscamos si el problema está en nosotros o en la otra persona. No luchamos para ver quién tiene la culpa de esto, planteamos la situación de la relación como nuestro problema, el que debemos resolver juntos, algo externo a nosotros o al otro personalmente, pero algo compartido entre los dos. **Entonces, no**

hablamos de lo que has hecho tú o de lo que he hecho yo, sino de lo que ha sucedido, cómo ha afectado a la relación, de qué necesidades tenemos ahora y de cómo podemos resolverlo juntos.

Las normas de la comunicación asertiva vienen a definir la actitud con la que nos enfrentamos a la conversación, dónde ponemos el foco y desde qué punto la abordamos. Es un importante punto de partida antes de definir los pasos que hay que dar.

Una vez que tenemos claro el foco, vamos a transformar las conversaciones incómodas en conversaciones útiles.

Expresar algo que nos duele o supone un límite para nosotros es algo tremendamente incómodo. Nos preocupa cómo la otra persona vaya a recibir el mensaje y, en muchas ocasiones, se siente como un ataque del que acaba defendiéndose, contraatacando. **Hay muchas maneras de transmitir un mismo mensaje, con la comunicación podemos transformar un ataque en una muestra de atención e interés hacia la relación,** cuidando así el vínculo.

Comunicar un mensaje de forma asertiva aumenta considerablemente la probabilidad de entendimiento. Hace que las conversaciones pasen de ser discusiones a ser puntos de conexión, momentos de entendimiento y comprensión en los que podemos expresar nuestras emociones y necesidades y resolverlas para que la relación avance.

La comunicación asertiva pasa por los siguientes pasos:

- **Expresamos por qué es importante esta conversación para mí:** «Eres una persona importante y quiero cuidar nuestro vínculo y nuestra relación, esto es importante para mí». Debemos enmarcar la conversación para que se entienda que no es una conversación cualquiera, que es importante, que lo que vamos a comunicar nos genera un malestar que necesitamos que sea resuelto, no es algo que expresamos sin más y puede quedarse en el aire. **Permitirá que la otra persona se prepare y le dé la importancia que merece al mensaje, estando más predispuesta a escucharlo.** Pero no solo necesitamos escucha, sino también comprensión. Como hemos mencionado en las normas de la comunicación asertiva, es necesario fomentar una actitud abierta al entendimiento, crear una atmósfera segura y de conexión. Crearemos un clima cálido al mencionar por qué subyace toda esta conversación. **Queremos resolver algo que nos incomoda de nuestro vínculo, pero... ¿por qué?** «Porque eres importante para mí, quiero cuidar lo que tenemos para que perdure, para asegurarnos de que los dos nos sentimos satisfechos y en conexión». En ese momento, la otra persona abandona el campo de batalla, comprende que no se trata de un ataque, sino de formar equipo ante un problema y un interés conjunto, que compartimos: cuidar el vínculo.

- **Expresamos por qué nuestro vínculo es importante,** qué nos suma y nos aporta esa persona: «Eres mi gran apoyo, siempre estás cuando te necesito y me siento muy afortunada y agradecida». De nuevo, este punto fomenta la actitud de comprensión y el camino hacia el entendimiento. Equilibra la conversación eliminando la sensación de negatividad y ataque. Mostramos que somos capaces de valorar los aspectos positivos y somos conscientes de su papel en la balanza, no estamos poniendo en duda ni en peligro nuestra relación. **Al mencionar algo positivo de la otra persona genera directamente un impacto y una sensación agradable en ella**; es más probable que ahora reciba lo que vamos a expresarle desde la apertura.

- **Especificamos aquello que me molesta haciendo referencia a una situación** y no a esa persona directamente, no a su conducta. **Evitamos el «cuando tú haces...» y lo sustituimos por «esta situación...» o «esto que nos sucede...».** De esta manera, generamos un problema común, no algo que tú tengas que resolver. Tú no eres el problema, sino que tenemos un problema compartido.

- **Describimos cómo nos hace sentir esa situación,** hablamos de nuestras emociones y sensaciones. Recordemos que, **cuando hablamos en el plano emocional, es más fácil conectar** y, además, creamos inmediatamente un espacio donde no entra el juicio.

- **Preguntamos cómo se siente esa persona,** le damos ese espacio para que también se exprese emocionalmente: «¿Cómo te sientes tú?» o «¿Cómo lo ves tú?». Aunque la necesidad de expresar ha nacido en nosotros, recordemos que es un problema compartido, por lo que debemos hacer partícipe a la otra persona de la situación preguntando en todo momento su punto de vista. También debe sentir esa escucha y comprensión, ese abrazo a sus emociones, que todo sea recíproco y mutuo, que fluya entre los dos y la actitud se retroalimente. Si tú escuchas y abrazas las emociones de la otra persona, es más probable que ella escuche y abrace las tuyas.

- **Asumimos, si es posible, nuestra parte de responsabilidad en la situación:** «es verdad que yo algunas veces…». En este momento ya vamos generando una actitud hacia el cambio, hacer algo para solucionar el problema, cumplir el objetivo que tenemos. **Al hablar de nosotros y de nuestra responsabilidad generamos la sensación, de nuevo, de problema compartido**, demostramos que estamos dispuestos a remar conjuntamente, a hacer equipo en esto y que es un esfuerzo conjunto.

- **Buscamos otra forma de hacer las cosas desde el equipo.** Proponemos soluciones y llegamos a un acuerdo mutuo. Entendiendo que los problemas, en muchas ocasiones, no se solucionan a la primera. Puede que la propuesta y la solución que acordemos la primera vez no tenga el resultado esperado y no solucione el problema. Por lo que la conversación acaba aquí hoy, pero no es un punto y final. **Debemos estar abiertos a ir revisando el impacto de nuestro acuerdo para asegurarnos de que cumple nuestro objetivo, de que resuelve nuestro problema.** Y, en caso de que sea necesario, que muchas veces lo será, nos volvemos a sentar para mejorar la propuesta.

La comunicación asertiva puede utilizarse para expresar cualquier incomodidad en cualquier tipo de relación, ya sea de amistad, familiar, laboral... y, por supuesto, de pareja.

Pero, en los vínculos amorosos, es especialmente relevante hacer un matiz: hablar de las necesidades emocionales.

Que la conversación se centre en expresar no solo lo que me incomoda y cómo me hace sentir, sino también qué necesidad despierta eso en mí y también en nosotros para concretar cómo podemos resolverlas. Sin embargo, el tema de las necesidades emocionales en pareja es tan relevante que merece un apartado por sí solo, así que es un punto que veremos más adelante.

EJERCICIO 7:

Practicamos la comunicación asertiva

La comunicación asertiva, como todo, es una práctica. Cuanto más la practiquemos, más cómodos nos sentiremos, generando así una sensación de seguridad a la hora de gestionar nuestros vínculos. Iremos desarrollando la capacidad de revisar constantemente la satisfacción que siento en mis relaciones y de detectar posibles alarmas. Nos daremos el permiso de expresar nuestros límites porque sabemos que lo hacemos de la manera adecuada.

Quiero que pienses en una persona de tu entorno que te genere alguna incomodidad, una persona que hace, deja de hacer o dice algo que te genera malestar. Vamos a practicar la comunicación asertiva expresando ese límite.

1. Preparo mi **mensaje.**
2. Expreso **por qué es importante** esta conversación para mí.

3. Expresamos **por qué nuestro vínculo es importante.**
4. Especificamos **aquello que me molesta** haciendo referencia a una situación.
5. Describimos **cómo esa situación nos hace sentir.**
6. Preguntamos **cómo se siente esa persona.**
7. Asumimos, si es posible, **nuestra parte de responsabilidad** en la situación.
8. Buscamos **otra forma de hacer las cosas** desde el equipo.

7. Afectividad y sexualidad

El sexo… el tema más tabú y a la vez más distintivo de una relación de pareja. Me voy a permitir hablar de ello con total naturalidad porque así debería ser.

El sexo no es más que otro de los acuerdos de la relación. Cada uno tenemos nuestras necesidades, preferencias, deseos y fantasías sexuales, así que, como en el resto de aspectos, toca hablar. Ponerlos en común y llegar a un acuerdo entre tu sexualidad y la sexualidad de la otra persona para crear una en común. Hablar de acuerdos, de límites, de mis formas de experimentar placer, de cómo, qué, cuándo y dónde me gusta y llegar a un punto en común entre nuestras preferencias.

No podemos continuar con este apartado sin antes empezar por el principio… Porque el sexo es y ha sido siempre un tema tan escondido, es algo de lo que se habla mucho pero no bien, no con conocimiento, no con una buena educación sexual de base.

¿Qué es el sexo para ti? ¿Hasta qué punto es importante en una relación?

El sexo es intimidad. El sexo son caricias, masajes, mirarnos a los ojos. El sexo es descubrir, erotizar el momento, tocar, sentir y escuchar las sensaciones del otro a cada paso que das, en cada caricia, expresar tus sensaciones al recibir las suyas, estar en el momento de más intimidad y conexión física, pero también mental, emocional y sensitiva.

Pero el sexo, sobre todo, son ganas del otro. **Ganas de transformar lo que siento en algo físico, tu pasión y, puede que también, tu amor.** Porque puede haber sexo sin amor y... amor sin sexo.

Pero, cuando hay amor, el sexo se convierte en una de sus mil expresiones.

Como hemos comentado al principio, el sexo es un acuerdo entre los dos y, por tanto, podemos decidir no tenerlo. Y está bien si eso es lo que buscamos y nos satisface a ambos. Cuando sentimos, tenemos la necesidad de expresar y de transmitir y el sexo es uno de los canales que tenemos para ello, para hacernos llegar a la otra persona, para que nuestra conexión salga a relucir, se haga evidente y podamos exprimirla y sentirla.

Por ello, cuando el sexo no funciona, puede que sea por dos motivos. Uno, porque no hemos encontrado la manera de entrelazar nuestras sexualidades para crear nuestro propio canal de expresión. Es decir, **la forma en la que tenemos sexo, nuestro acuerdo mutuo, no encaja, no nos satisface.** Ya sea en lo que hacemos, cómo lo hacemos, el nivel de placer, la cantidad o calidad de nuestros encuentros sexuales... no hemos encontrado la sinergia, el punto común, el canal conjunto.

El segundo motivo puede ser que tengamos un acuerdo firme y satisfactorio, pero no tengamos ganas de usarlo, no nazca el deseo de tener esos encuentros, no nos apetezca sentir nuestra conexión. A ti, a la otra persona o a ambos.

Que el sexo sea un punto de máxima conexión, hace que también sea un reflejo de la pareja, de cómo está, de cómo nos sentimos el uno con el otro. **Cuando el deseo no nace, el sexo no suele ser el problema, sino la consecuencia de un problema, la consecuencia de una desconexión entre los dos que puede o no tener que ver a nivel sexual.**

Cuando no hay una conexión sexual hay muchas preguntas que debemos hacernos, muchos puntos que debemos explorar como pareja.

- **Calidad:** Los encuentros sexuales que tenemos, ¿nos satisfacen plenamente a ambos?
- **Cantidad:** ¿Estoy satisfecha con la cantidad de encuentros y momentos íntimos? ¿Necesito más, necesito menos?
- **Deseo:** ¿Nace en mí el deseo de encontrarnos? Si no nace, ¿se trata de una falta de deseo en pareja o también existe una falta de deseo a nivel sexual conmigo misma?

La calidad del encuentro la determina el acuerdo. **Que tengamos comunicación, confianza, libertad para expresar cualquier cosa, para expresar placer o incomodidad.** Una vez más, la herramienta para potenciar nuestra sexualidad juntos es hablar para compartir lo que sentimos y necesitamos en todo momento y mostrarnos dispuestos a escuchar, desde la actitud abierta de comprender, probar, cambiar y experimentar. **El sexo es un mundo enorme, abierto y maravilloso, que nunca se nos olvide que el objetivo es el placer, el placer de ambos.** Si nuestros encuentros no cumplen el objetivo, hay que revisar por qué.

> El sexo es tan maravilloso
> como delicado.

Y es que sí, compartimos nuestra máxima intimidad, por tanto, es el momento en el que más expuestos y vulnerables nos sentimos. Nos sentimos desnudos a todos los niveles, frente a frente. Por lo que, **si los encuentros no son satisfactorios, no nos sentimos cómodos o no cumplen el objetivo de obtener placer, puede que los vayamos asociando a un rechazo,** a algo negativo. Y, de ahí, evolucionar a una falta de deseo o incluso a otros problemas, trastornos o disfunciones sexuales.

El deseo no solo me indica el placer y calidad dentro de mis relaciones sexuales, sino también dentro de mi propia relación de pareja. **Y es que cuando hay algún punto de insatisfacción en nuestra relación de pareja, el sexo es una manifestación de ello.** Si no hay conexión, no nace la necesidad de sentirla y hacerla evidente en esos encuentros sexuales. Por lo que el sexo también puede ser un buen indicador de nuestra conexión. No es el único, pero es uno más y debemos atenderlo.

También debemos entender que el sexo, la pasión, las ganas y la euforia, en general, de la relación, es algo que va a variar durante las diferentes etapas de la relación. **Al principio las emociones son muy intensas y hay muchas ganas de todo.** Empezamos a sentir esa conexión y es normal tener más ganas de hacerla evidente a través de los encuentros sexuales, por ejemplo. Poco a poco, todo se normaliza, se vuelve más estable; la pasión, la euforia y la intensidad se calman. Es normal y, además, es necesario. El sexo, al ser un reflejo de todo, se ve también afectado por todo, por lo que tanto la cantidad como la intensidad de nuestros encuentros sexuales fluctúa constantemente... **Afecta la etapa de la relación en la que estamos, nuestro momento vital, el contexto, nuestro estado emocional, si estamos más tristes o estresados...**

Es normal que con la rutina y la estabilidad lleguemos a un punto en el que el sexo, que solemos relacionarlo con algo muy pasional, se vuelva un poco desabrido. Debemos normalizar que eso suceda, pero no tenemos por qué conformarnos. Y es que, como hemos dicho, **el sexo es un indicador de nuestra conexión, por lo que debemos escucharlo y actuar en consecuencia.** Para cuidar la relación, debemos ir cuidando de nuestra conexión a todos los niveles: manteniendo la calidad de nuestra comunicación, nuestros objetivos, nuestro tiempo juntos y, por supuesto y si queremos, de nuestros encuentros sexuales.

Uno de los grandes problemas puede surgir cuando el deseo no es el mismo en ambos, algo que, además, es muy frecuente que pase porque recordemos que somos personas diferentes con necesidades diferentes.

El problema no es tanto que eso suceda, sino la interpretación que sacamos de ello, por ejemplo: «Ya no te gusto, ya no me deseas».

Puede ser que tenga que ver con esto o puede ser que no. Por eso es tan importante abordarlo juntos, desde el equipo, analizar qué está sucediendo para encontrar una solución. Es importante recordar que el sexo es un tema delicado. Para que sea satisfactorio, es necesario que se asocie con mucha comodidad y confianza, algo que se genera desde el mismo momento de la comunicación, por lo que las conversaciones sobre sexo (y sobre todo, en realidad) deben implicar la máxima escucha, comprensión y complicidad posible. **Debemos asegurarnos de no presionar ni juzgar, ya que sino estaremos creando el efecto contrario y alejándonos mucho más de que ese deseo que nos falta pueda surgir.** No pongamos el foco directamente en tener más sexo, sino en por qué no lo estamos teniendo, en por qué no surge el deseo y en cómo hacer que surja, en cómo generar la comodidad y pasión suficiente para que nos apetezca compartir ese momento de conexión.

Si queremos potenciar nuestra sexualidad en pareja lo primero que debemos tener en cuenta es que suceda. Y es que sí, es una falsa creencia pensar que el deseo va a surgir de la nada. Pasa, pero pasa al principio. Con el tiempo, con la estabilidad, es mucho más difícil que surja el deseo por sí solo.

Debemos crearlo, crear el momento, no esperar que siempre surja de forma esporádica.

Y no, eso no rompe la magia, podemos y debemos acordar tener encuentros sexuales o, al menos, potenciar que puedan surgir. **Momentos a solas donde creemos un clima íntimo, cuidemos la temperatura y la luz, cenas románticas en casa, masajes en la cama, caricias...** Todo eso llama al deseo, que es lo primero a tener en cuenta para que se desencadene todo lo demás.

Una vez creamos el momento toca cuidar la calidad del mismo, que nuestros encuentros tengan un buen resultado: **placer, diversión, conexión, confianza y comodidad.** Eso, a su vez, potenciará la cantidad, hará mucho más probable que vuelvan a surgir y se mantengan en un punto más alto. Para potenciar esos encuentros, va ser necesario hablar de ellos: salir de la rutina probando cosas nuevas, preguntarnos y escucharnos, compartir y cumplir nuestras fantasías sexuales, agradecer y transmitir nuestras sensaciones a la pareja durante y después de los encuentros…

8. Atención, cuidado y prioridad

Todo lo que queremos cuidar para que dure requiere atención y cariño, por lo que la pareja necesita sentirse como prioridad.

Hay tantas formas de expresar amor como personas en el mundo y es en este punto donde hablamos de los lenguajes del amor, nuestra forma particular de expresar cariño.

Debemos expresar amor, pero también asegurarnos de que la otra persona lo reciba de la misma forma para crear esa conexión mutua. **No hace falta compartir el mismo lenguaje del amor, pero sí asegurarnos de conocerlos, entenderlos y de que nos llegan a ambos.**

Nuestro lenguaje del amor es, como todo, algo que debemos hacer explícito hablando y compartiendo, porque si nuestros lenguajes del amor no coinciden, es algo que deberemos cuadrar y adaptar en equipo. Si eres una persona muy cariñosa que estás todo el rato diciéndole a la otra persona que la quieres, pero no recibes lo mismo, vas a tener la sensación de que estás dando más, de que estás queriendo más. Y puede que eso no sea así, puede que no seas tú quien quiera más, sino que la otra persona quiera a su manera y sea diferente a la tuya. **Por eso es importante conocer y entender nuestros lenguajes, porque si no lo hacemos, nunca vas a sentir su amor; aunque te lo esté dando, no sabrás verlo ni leerlo y eso es lo mismo que no tenerlo.** Ahí habrá un punto de desconexión. Podemos sentir mucho amor el uno por el otro, pero que no haya un canal que lo deje fluir. Para eso debes conocer primero cómo expresas tú tu amor y, después, cómo lo expresa tu pareja; esto es, qué formas tenéis de deciros que os queréis. Igual uno lo dice con palabras y caricias y el otro dejando siempre el café preparado por la mañana. Cuando lo conocemos, lo vemos y podemos recibirlo y sentirlo.

Mantener el cariño y la atención es una manifestación más de amor, un canal más de conexión, como lo es el sexo. Es importante que nos aseguremos de cuidarlo, de que se mantiene, de que mi amor te llega y de que yo recibo el tuyo.

9. Objetivos y proyectos

Iniciar una relación de pareja ya supone un proyecto en común; algo que debemos hablar, crear, construir, adaptar y revisar constantemente para que se mantenga estable. Ese proyecto podemos verlo a corto plazo, aquí y ahora, lo que tenemos, nuestra relación. O podemos verlo también a largo plazo, construir algo que se mantenga en un futuro, compartir planes y objetivos futuros. Ambas decisiones están bien. Es, de nuevo, un acuerdo mutuo.

Ver la pareja como algo únicamente de aquí y ahora rompe un poco con ese mito del amor romántico de amarnos para siempre, de construir una familia como manifestación máxima de nuestro amor. Está tan bien hacerlo como no hacerlo, siempre que nos recordemos la posibilidad de que, aunque compartamos muchos proyectos futuros, en cualquier momento podemos decidir romperlos, abandonarlos, dejarlos ir.

Los proyectos futuros son una forma de compromiso, pero no quiere decir que su ausencia no implique el estar comprometidos el uno con el otro, ya que es algo que se demuestra todos los días también con pequeños gestos que nos muestren y demuestren que nuestra relación supone una prioridad para nosotros. Los planes juntos son solo un compromiso más, una manifestación más de ese amor; podemos tomarlo o no dependiendo de nuestra forma de concebir la relación, de nuestro acuerdo juntos e, incluso, de cada etapa de la relación o momento vital.

Es frecuente que sea algo que vaya surgiendo a medida que la relación avanza y vamos fusionando nuestros caminos al compartir nuestro día a día.

Encontrar el equilibrio entre los planes vitales de cada uno hará posible que la relación se siga manteniendo en el tiempo.

Nuestro proyecto de vida no nace con la pareja, todos tenemos uno propio y es importante mantenerlo. **Nuestro proyecto se refiere a la forma en la que nos gusta y en la que queremos vivir, nuestros sueños y ambiciones, hacia dónde y cómo queremos caminar y avanzar.** Si bien es cierto que el futuro es incierto, por lo que ese proyecto no es inamovible, cambia constantemente y es sano que lo haga. Puede que nos veamos limitados, que no podamos avanzar por dónde queríamos, que cambiemos de idea o que... aparezca una persona que quiera introducir un nuevo acuerdo en mi proyecto y cambie algunas cosillas.

Una parte importante para conocer a nuestra pareja es conocer su proyecto vital, pues dice mucho de quién es. Además, también es muy significativo en la conexión con la pareja conectar con nuestros proyectos vitales. **Conectar no es**

coincidir. Y eso se traduce en todos los aspectos. Yo no tengo que ser igual que tú para tener una relación, del mismo modo que mi proyecto no tiene que ser idéntico al tuyo para poder unirlos en una parte. Pero, por lo general, sí que requiere adaptación. **Conocer los proyectos de ambos y ver si pueden encajar ahora y, si nos preocupa, valorar también si seguirán encajando en un futuro.** Porque igual ahora coinciden y ambos queremos vivir en un piso, salir mucho a cenar y viajar por todo el mundo. Pero es posible que en un futuro tu ilusión sea tener hijos y la mía... tengo claro que no. Cuando encontremos un punto de desunión, habrá que valorar si se puede adaptar para que nuestro proyecto acabe encajando. Encajar no es meter a la fuerza y con calzador. No tendría sentido, puesto que eso significaría que, en algún momento, nuestra relación supondría abandonar algo que necesitas, que quieres, que deseas y que te hace feliz. Por lo que debemos estar seguros de cómo nos estamos adaptando y si nos compensa. Por eso, antes de tomar decisiones, es importante conocer bien tu proyecto vital y lo que supone para ti en cada uno de sus puntos, a qué cosas puedes renunciar, a qué cosas no y cuáles puedes adaptar.

EJERCICIO 8:

Mi proyecto vital

Vamos a definir nuestro proyecto vital. Con este ejercicio, te vas a conocer mucho más a ti, pero, lo más importante, te va a permitir hacer una revisión de dónde quieres llegar y en qué punto del camino estás, si estás avanzando por dónde quieres, qué versión estás siendo de ti.

Mi YO futuro

Este ejercicio consiste en una visualización. Quiero que dediques unos minutos a cerrar los ojos y a imaginarte dentro de diez años, como si todo tu proyecto de vida se hubiera cumplido. Imagina cómo sería un día en tu vida, desde que te levantas hasta que te acuestas. Después, abrirás los ojos y esa yo de dentro de diez años le escribirá una carta a tu «yo» actual contándole cómo es esa vida. Puedes responder a algunas preguntas como:

- ¿Cómo soy físicamente?
- ¿Quién soy? Me describo a nivel personal, con mis valores.
- ¿Dónde vivo?¿Con quién vivo?¿De qué personas me rodeo?
- ¿Qué valoro de las demás personas?
- ¿De qué trabajo? ¿Cuál es mi rutina?
- ¿En qué ocupo mi tiempo libre?
- ¿Qué objetivos he conseguido? ¿Cuáles han sido mis mayores logros y éxitos?
- ¿Qué es lo que más valoro ahora mismo en mi vida?
- ¿Qué cosas me aportan pequeñas dosis de felicidad?

Escribe en este recuadro las ideas que tengas y luego coge un papel y date rienda suelta para escribir la carta:

....

....

....

....

Una vez escrita la carta, haz una lista de los objetivos que te propones, de lo que es importante para ti cuidar, mantener o construir para cumplir con tu proyecto vital.

....

....

....

....

Y ahora, pregúntate si a día de hoy, actualmente...

- ¿Siento que estoy en el camino que quiero? ¿Qué pequeños pasos doy en mi día a día? ¿Qué pequeñas cosas hago para cumplir mis objetivos?¿Qué me falta o qué podría incluir o hacer mejor?

Ahora tienes definido dónde estás y dónde quieres llegar. Asegúrate de que todo lo que te rodea, entre ello tu pareja si la tienes o vas a tenerla, te impulsa a conseguir ese proyecto o, al menos, puede adaptarse a él.

EJERCICIO 9:

Construyo mis pilares

Ahora que hemos revisado algunos de los pilares que pueden caracterizar una relación de pareja, te toca a ti. Elije tus pilares; puedes añadir, quitar y modificar entre todos los que hemos comentado. Ordénalos de más a menos importantes y dales tu propia definición. Recuerda que tu concepto de amor y el de tu pareja no tienen que ser el mismo, pero tenemos que poder hacer que encajen y se adapten de forma satisfactoria para los dos. Después de hacer este ejercicio para ti, si quieres y si tienes algún vínculo de pareja, podéis repetir el ejercicio juntos creando vuestro propio concepto de amor y definiendo vuestros pilares conjuntos.

MI CONCEPTO DEL AMOR

Pilar	**Lo que supone para mí**
....	....
....	....
....	....
....	....
....	....
....	....
....	....
....	....

4

Enamoramiento: fase inicial

Vamos a rebobinar un poquitín y a empezar desde el principio. **Hemos trabajado nuestro autoconocimiento y hemos definido nuestro concepto de amor, y también qué es para mí una relación sana. Ahora toca, construirla.**

La construcción de una relación, de un vínculo, empieza desde el primer contacto que tengo con esa persona.

Desde ese mismo instante ya empiezan a salir piezas del puzle: ya te empiezo a conocer, ya me voy dejando mostrar, ya se crea una imagen de ti, de la otra persona y de vosotros como pareja, o de lo que podéis ser. Hay incertidumbre, algún que otro miedo, pero también expectativas e ilusión. Esos primeros momentos, están llenos de magia, de emociones intensas. **Es el amor en su esencia pura, en su momento más pasional, más vivido y sentido, donde solo hay ganas.**

Y toda esa intensidad emocional tiene un sentido. Un sentido más bien biológico y ancestral. Los seres humanos estamos programados para encontrar a una pareja con la que reproducirnos y perpetuar nuestra especie. Las cosas han avanzado mucho y ahora hay más intereses en juego, evidentemente. Pero nuestro cerebro está programado así. Lo que hace que, cuando conozco a alguien y empiezo a sentir una atracción y una conexión algo especial, se inicie un proceso de idealización y de enamoramiento que me apega más a esa persona y que pueda darse todo lo demás.

El cerebro empieza a generar la hormona llamada «dopamina», que nos genera una sensación placentera, para que decidamos quedarnos y seguir sintiendo ese cosquilleo.

Ese proceso se vive con mucho placer y disfrute, pero también debemos prestarle especial atención, ya que, entre tanto cóctel emocional, nos desconectamos un poquito de nosotros mismos. **El enamoramiento es una droga. Un momento de máximo placer en el que todo, menos esa persona, pierde importancia y sentido.** Eso es maravilloso, pero algo delicado. Nuestro cerebro se ve envuelto y contaminado por esa persona, priorizamos la emoción, lo que sentimos y lo que nos apetece ahora. Nos dejamos llevar y, necesariamente, desconectamos un poquito nuestra parte racional, la que nos permite tomar decisiones pensadas, meditadas y reflexivas. Es un momento de mucha impulsividad. Eso hace que sea más difícil detectar los signos de alarma.

Surge entonces el proceso de idealización, que está dentro del propio enamoramiento, ya que cumplen esa misma función de apareamiento. En esos primeros momentos, aún nos estamos conociendo, por lo que hay mucha información que nos falta de la otra persona. Todavía no nos conocemos en todas nuestras versiones, todavía no hemos mantenido conversaciones incómodas, todavía no nos hemos parado a sentarnos para construir el vínculo. De momento, solo tenemos espacio para disfrutarnos sin más. **Como hay mucha información que aún no conocemos el uno del otro, nuestro cerebro la rellena con lo que más cómodos nos hace sentir.** Todo lo que no sé del otro me lo imagino como a mí me gustaría que fuese, todo lo que aún no hemos vivido me lo imagino como si fuese a pasar de la mejor manera posible. Idealizamos a la persona e idealizamos también nuestra relación y nuestro futuro juntos. Es normal, pero, como hemos dicho, es delicado, ya que nos hace creer que estamos construyendo algo perfecto, por lo que es algo tan valioso que justifica que lo demos todo y no podamos permitirnos perderlo. **Haríamos cualquier cosa por mantener ese vínculo.** Está bien, hay que vivir y disfrutar ese momento de idealización, pero tomando conciencia de ello. Dejándonos llevar, pero no perdiéndonos en ello.

Es importante sentirlo porque es efímero, pasa rápido, con intensidad y dura poco.

Y es que a medida que nos vamos conociendo más, esa información se va rellenando y ya no con mi imaginación, sino con la realidad. O más bien dicho, con los choques de realidad. Porque sí, toca darnos cuenta de que, como es evidente, ni las personas ni las relaciones tienen nada de perfectas. Y es justo ahí, en este preciso momento, donde podemos hablar de amor. **Es muy fácil y cómodo querer y, por tanto, decidir quedarme al lado de algo que me es perfecto.** Lo difícil viene cuando conocemos todo aquello que no nos gusta mucho de la otra persona, todo aquello en lo que no coincidimos y, por ende, toca trabajar juntos. **Es cuando vemos si somos capaces de hacer un buen equipo, si lo que nos gusta de la otra persona y lo que nos aporta ese vínculo es suficientemente valioso como para que valga la pena el esfuerzo que conlleva construir una relación.** El amor no es quedarme cuando todo es perfecto y va bien; el amor es esfuerzo, es querer entenderte, aprender y adaptarnos el uno al otro para formar algo conjunto. Cuando ya conocemos más de la otra persona, cuando ya estamos tocando y viendo la realidad fuera del proceso inicial de idealización, es cuando toca decidir si hacemos o no ese esfuerzo juntos.

El proceso de enamoramiento dura algo más que el proceso de idealización y es que puede llegar a extenderse durante toda la relación, apareciendo con más o menos intensidad. Es un proceso más difícil de describir, no tiene una definición clara a nivel de sensaciones y que se puede presentar y manifestar de maneras distintas. Hay un enamoramiento más intenso pasional y carnal que sobre todo caracteriza los inicios, pero que también tiene pequeñas apariciones durante la relación en momentos donde nos sentimos mucho más conectados y, por tanto, nos apetecemos más, sentimos más disfrute y placer derivado de nuestro vínculo.

Y es que la pareja no tiene nada de estable, está en constante cambio.

Hay momentos en los que las circunstancias externas acompañan, tenemos tiempo para estar juntos, disfrutamos de muchos momentos de calidad que permiten esa conexión, el resto de aspectos de nuestra vida están en un buen punto... Es más fácil, entonces, sentirnos más vinculados, más conectados y que, en consecuencia, todas las emociones y sensaciones se intensifiquen. Al igual que puede afectar el estrés del trabajo, los problemas internos y también externos a la relación, etc. **En momentos personales complicados es normal que no tengamos ni tantas ganas ni estemos tan disponibles para conectar.** Y ahí sigue habiendo un cierto enamoramiento, pero más estable. El permitirnos no estar tan conectados pero aun así mantener y cuidar hasta el punto que ahora podamos nuestro vínculo, permanecer también cuando las circunstancias no acompañan, es una de las formas más puras de demostrar amor y es lo que permite sentir la relación como estable, que se mantiene a pesar de las buenas y malas rachas y, por tanto, duradera en el tiempo.

Digamos que el amor no es algo tan claro, que se transforma, que se siente y se expresa de mil maneras diferentes pero que tiene que estar para que la relación tenga sentido y, por eso, tiene que ser cuidado para que se mantenga.

5

Enmarcamos el amor: etiquetas y límites

Ese primer momento de euforia que caracteriza el inicio de la relación está lleno de emocionalidad, tanto que solo podemos centrarnos en eso. Por lo que nuestra parte más racional y objetiva está descansando. Hasta que todo pasa, se calma, se estabiliza y... entra en juego de nuevo. **Vemos la realidad, valoramos la situación y la relación de forma más objetiva, así que somos más conscientes de lo que sentimos y de lo que nos aporta tanto la otra persona como nuestra relación en sí.**

Empiezo a poder responder a preguntas sobre la otra persona muy importantes como:

- **Quién es, cómo es como persona,** qué valores tiene, cómo se comporta con los demás, qué sueños y aspiraciones tiene, cómo es su proyecto vital...

- **Qué te aporta, qué te hace sentir,** qué sensaciones tienes cuando estás con esa persona, cómo te hace sentir la forma en la que te habla, su lenguaje del amor…
- **Cómo te hace sentir vuestro vínculo,** conoces mejor su concepto de amor y si encaja o no con el tuyo.

En ese momento, como hemos dicho, empieza el trabajo. **Toca ya no solo sentir y dejarnos llevar, sino también poner las cartas sobre la mesa, parar, pensar y reflexionar.** Todas esas preguntas que ahora podemos responder suponen respuestas muy valiosas que nos dan las pistas que necesitamos para ir tomando decisiones. Por tanto, en este punto es fundamental escucharte.

Escuchar tus emociones y también tus sensaciones. Recordemos que el cuerpo nos habla, nos manda señales constantemente para informarnos de si algo nos aporta o nos daña, de si nos genera sensaciones agradables o desagradables.

Escuchamos, por tanto, nuestras emociones, sensaciones, pensamientos y respuestas. Y, de acuerdo con ellas, decidimos.

Con el trabajo, toca empezar a utilizar la herramienta fundamental para la construcción de un vínculo: la comunicación. Conocer tus respuestas es el primer punto para, después, poder compartirlas y escuchar las de la otra persona. Y, entre los dos, ver si podéis y queréis encajarlas o no. Si vais dando pequeños pasos de la mano o no.

1. Enmarcamos el amor con etiquetas

Una de las primeras grandes conversaciones engloba el «¿qué somos?».

Lo ideal es que desde el primer momento se establezca un canal de comunicación fluido en el que ambos nos vayamos sincerando en todo momento de cómo van creciendo y evolucionando nuestras emociones, sentimientos y sensaciones en torno al vínculo que estamos creando. **Eso nos ayuda a conectar, a potenciar el momento y a vivirlo más tranquilos, ajustando mucho mejor las expectativas.** Sabemos lo que hay y lo que podemos esperar.

Pero... suele suceder todo lo contrario. Expresar nuestras emociones es difícil, más si es con alguien aún algo desconocido. Más si se trata del amor. Más si engloba muchos miedos y dudas, como si es muy pronto para hablar de ello o cómo lo va a recibir la otra persona.

En ese primer momento, no queremos que nadie se asuste ni salga corriendo y vamos con pies de plomo, intentando dar la mejor impresión posible. **No es raro entonces que nos cueste tratar un tema tan emocional, algo que solemos reprimir,** ya que supone sacar nuestra parte más vulnerable y quizá nos mostramos ¿demasiado?

Compartir algo íntimo siempre genera miedo, abrimos la puerta de nuestra parte más sensible, por tanto, ahora, esa persona tiene más poder sobre ti, más poder también para hacerte daño.

Exponerse siempre supone arriesgar esa parte.

Todos tenemos miedo a sufrir, a que los demás no sepan responder o cuidar de nuestras emociones o que incluso las rechacen.

Las personas dejamos de hacer muchísimas cosas por miedo a sentir, por miedo al sufrimiento, cuando es inevitablemente, parte de la vida.

Si evitamos todo el rato el sufrimiento, evitamos todo el rato la vida.

Sí, puede ser que al permitir a alguien conocer nuestro mundo emocional el resultado no sea el esperado, puede ser que conlleve sufrimiento o incluso la ruptura del vínculo, pero, vayamos más allá… ¿qué nos dice eso?

Lo más importante para sentirnos a gusto con una persona, para que ese vínculo sea sano, es sentirlo como un lugar seguro. Un lugar donde sentirnos recogidos y escuchados al compartir, precisamente, nuestro mundo emocional. Si no encontramos eso en la otra persona…, ¿qué tipo de vínculo estamos creando? ¿De verdad es lo que queremos, de verdad está cumpliendo nuestro concepto de amor?

Tenemos miedo al mundo emocional, pero es la única manera de conocer y conectar.

Para crear un vínculo sano es imprescindible desde el primer momento comunicar, expresar y compartir. No hace falta que lo compartamos todo, ni que estemos todo el rato hablando de lo que sentimos, pero para ir ajustando el vínculo necesitamos conocer en qué punto estamos y cómo lo vamos construyendo cada uno dentro de nosotros. **Da igual cómo seamos ahora y cómo vayamos a evolucionar, lo importante es que se establezca un canal comunicación y sinceridad para saber dónde estamos y poder decidir con esa información si queremos quedarnos o no.** Es una forma de protección emocional hacia ti misma y también de responsabilidad afectiva para la otra persona.

Aquí tocará entender que cada uno tiene sus tiempos y que no vaya a mi misma velocidad no quiere decir que no pueda llegar al mismo puerto. **Construir conlleva paciencia y comprensión.** Es difícil que ambos lo vivamos exactamente igual y que todo crezca a la vez, por lo que igual en algún momento nos tocará escuchar que no estamos en el mismo punto pero que queremos estarlo y eso, puede ser suficiente.

Recordemos la diferencia, somos personas diferentes y sentimos diferente.

Además, aquí cobran especial importancia nuestras heridas del pasado y qué ha sido para cada uno el amor hasta ahora. Si ha supuesto dolor, es normal que nuestras emociones intenten protegernos, pues necesitarán algo más de tiempo para confiar, necesitarán saber con certeza que este es un lugar seguro donde pueden volcarse.

2. Enmarcamos el amor con límites

Los primeros momentos son claves.

Estar muy atentos a si lo que vamos conociendo nos encaja, nos gusta, en qué concepto y proyecto de amor estamos construyendo juntos; cómo me hace sentir y hacia qué dirección va.

Antes de construir las bases de la relación tenemos que decidir si queremos o no tenerla.

Y aquí es cuando empiezan a jugar nuestros límites personales. Los límites personales son esa lista de aspectos y reglas que utilizamos para enmarcar nuestras relaciones. Todo aquello que sabemos que no podemos ni queremos tolerar de una relación porque automáticamente nos haría infeliz, haría que ese vínculo perdiese su sentido. Los límites se refieren a lo que cada uno necesita y lo que no tolera. **Los encontramos en todas las relaciones, hay límites en la amistad, en las relaciones familiares, en los compañeros de trabajo y, por supuesto, en la pareja.**

Para enmarcar los límites necesitamos, primero, autoconocimiento. Porque sí, los límites son diferentes en cada persona porque hacen referencia a nuestro concepto de amor, son ese conjunto de delimitaciones que hacen posible que se dé. Entonces, debemos tener claro qué es para cada miembro de la pareja su relación; qué es la amistad, el amor, la familia, el compañerismo... Qué espera cada persona de esos vínculos, cómo quiere que le hagan sentir, qué necesita de ellos.

No es lo mismo los límites que lo que no nos gusta. Ninguna relación ni persona ni vínculo va a ser perfecto. Habrá aspectos que no nos atraigan, que nos puedan hasta generar rechazo, surgirán problemas, no estaremos de acuerdo con la forma de actuar de la otra persona, con sus pensamientos u opiniones, no compartiremos los mismos gustos y aficiones...

Pero los límites van mucho más allá de lo que no nos gusta. Se refieren a lo que no estamos dispuestos a tolerar, por lo que son, o deberían ser, infranqueables.

Cuando vamos construyendo la relación, debemos estar constantemente conectados con nuestro mundo emocional. Recordemos: las emociones son alarmas, se disparan cuando algo va mal para avisarnos.

Cuando algo nos está generando una sensación desagradable…, ¡ALARMA! Toca revisar qué ha sucedido, cómo nos ha hecho sentir y qué supone para ti y para tu relación.

Por eso, construir nuestros límites personales en las relaciones es tan importante, porque van a ir asociados directamente a nuestro sistema de alarmas para informarnos cuando en la relación se ha despertado algo que es intolerable para nosotros y, por tanto, toca abordarlo.

Primero, con comunicación.

Como todos los problemas que puedan surgir en cualquier relación, hay que ponerlos sobre la mesa. Y la mejor herramienta que podemos utilizar es, como ya conocemos, la comunicación asertiva.

Recordemos:

1. **Estar regulados** (emocionalmente estables, sin emociones muy intensas que puedan nublar nuestra capacidad racional) y tomar conciencia de lo sucedido: necesitaremos darnos primero

un espacio para pensar en lo que ha sucedido, cómo nos ha hecho sentir, qué supone para nosotros y qué necesitamos ahora.

2. **Elegir un buen momento** en el que los dos estemos preparados y disponibles para tener una conversación importante.
3. **Expresar desde el amor y el respeto nuestro límite,** haciendo hincapié en cómo nos ha hecho sentir utilizando el lenguaje emocional.
4. **Preguntar y estar dispuestos a escuchar** y recoger con comprensión el mundo emocional de la otra persona.
5. **Expresar nuestra necesidad** con consistencia, dándole la importancia que se merece a nuestro límite y a lo sucedido.
6. **Llegar a un acuerdo mutuo:** en este caso, recordemos que no se trata de un problema como cualquier otro, sino de un LÍMITE, lo que quiere decir que no podemos ceder ante él, necesariamente tiene que respetarse para que la relación pueda ser satisfactoria para las dos partes. Podemos llegar a un acuerdo y hacer equipo en cómo hacer las cosas de forma diferente o cómo podemos ayudarnos en ese proceso, pero siempre asegurándonos de que cualquier solución que propongamos nos asegura que nuestro límite es aceptado y respetado.

Y ¿qué pasa si esa persona no está dispuesta a aceptar mi límite? ¿O si llegamos a un acuerdo, pero, de nuevo y repetidas veces, vuelve a franquearse? En este caso, ya tenemos una respuesta. La relación implica sufrimiento, un sufrimiento que va a seguir existiendo y que nos informa de que no estamos ante la relación que esperamos, necesitamos y nos hace felices. Ahora, la decisión es nuestra.

Conociendo esta realidad, somos libres de decidir si quedarnos a pesar del sufrimiento o si decidimos irnos.

Si nos quedamos, seremos nosotros mismos quienes habremos dejado de respetar nuestros límites personales, seremos los primeros en permitir que se franqueen y quedarnos dónde no son respetados, ahora ya sí de una forma consciente. Decir algo que no vamos a tolerar, pero acabamos tolerándolo una y otra vez, hace que el resto de límites también pierdan su valor. Nuestra palabra no ha sido consistente con nuestros actos. Recordemos que los límites son todo aquello que no toleramos porque inmediatamente hacen que el vínculo sea un lugar insatisfactorio para nosotros. Si nos quedamos a pesar de que no los respeten, estamos dando el permiso para pasar por encima del resto. Eso puede implicar mucho más sufrimiento en la relación y es un aspecto que debemos valorar a la hora de tomar la decisión de si esa relación nos compensa o no. Si está en nuestra lista de límites es por algo, así que, aunque solo sea uno de ellos, si se franquea, la relación no compensa. **Aun así, somos libres de decidir, pero hagámoslo, al menos, conscientes de la decisión que tomamos y de lo que implica.**

Y, ¿qué pasa si el límite te lo expresan a ti? Ambos miembros tenemos nuestros límites que pueden ser más o menos parecidos, pero igual de importantes.

Debemos atender los límites de nuestra pareja, escucharlos, recogerlos y decidir si podemos o no respetarlos, si estamos de acuerdo o no con ellos. Porque podemos no estarlo, aunque eso implica, de nuevo, que el vínculo no compensa. Recodemos; por eso se llaman límites, no son solamente aspectos que no me gustan o que preferiría que fuesen diferentes.

Para que sea un vínculo sano y satisfactorio para los dos no es necesario compartir los mismos límites, pero sí aceptarlos todos, los de ambos.

Así podremos construir una lista conjunta de todos los límites y normas que se van a mantener en nuestra relación. Es nuestro acuerdo, nuestra forma de cuidar el vínculo, de enmarcar nuestro amor.

Pero, para que todo esto pueda suceder no nos podemos olvidar del gran primer paso: definir nuestra lista de límites personales en las relaciones.

EJERCICIO 10:

Construyo mis límites personales

Recordemos lo trabajado anteriormente, volvamos a traer nuestro concepto de amor, pero maticémoslo más haciendo referencia al vínculo. ¿Qué es para ti una relación de pareja?

Lista de mis límites en las relaciones de pareja:

....

....

....

....

....

....

....

....

....

....

....

....

....

Esta y todas las listas de límites son perfectamente modificables. De hecho, debemos ir revisándolas para ajustarlas a cada momento actual, ya que van a estar influidas por las circunstancias, los aprendizajes, nuestras expectativas y todos nuestros cambios a nivel personal.

Los límites personales son importantes en todas las relaciones, del tipo que sean. Es, por tanto, igual de importante marcarlos en amistades, relaciones familiares, en compañeros de trabajo... En este caso, los límites pueden variar un poco más según el tiempo de relación más concreta que tenga, ya que por ejemplo en las amistades o en los vínculos familiares tenemos necesidades dependiendo de la persona en concreto, por lo que es más difícil hacer una única lista de límites que se adecúe a todas las relaciones por igual. Pero sigue siendo igual de importante reconocer y atender lo que no estamos dispuestos a tolerar y marcarlo con asertividad, pero de forma contundente.

6

Creamos nuestro lugar seguro, las bases de nuestro amor: fase de estabilización

Una vez se ha dado el acuerdo, nos conocemos y aceptamos nuestros límites, hemos encajado nuestro concepto de amor en uno solo…

Toca sentar unas bases fuertes y firmes para darle estabilidad al vínculo.

Debemos crear acuerdos, patrones, formas de hacer las cosas que vayan haciendo posible nuestra relación, que traduzcan nuestro concepto de amor a nivel práctico: **cómo abordamos los problemas, cómo es nuestra comunicación, cómo son nuestras rutinas, qué aspectos debemos cuidar e incluir para mantener nuestras necesidades satisfechas…** Es el cómo vamos a hacer las cosas.

Ahora estamos en el punto de construir la casa en la que queremos vivir.

- **Las bases** son los valores de nuestro amor: lealtad, compromiso, familia...
- **Las paredes** son los límites y normas de nuestro amor; qué consideramos una infidelidad, qué toleramos y qué no...
- **El techo** es cómo cubrimos nuestra relación, la mantenemos protegida de la lluvia y los temporales; cómo abordamos el conflicto, qué patrón seguimos...
- **Los muebles** son todo lo que queremos incluir para sentirla cómoda, segura, para nosotros, un hogar; el tiempo juntos, las rutinas, las muestras de atención y cariño del día a día...

Recordemos que nuestra casa tiene que ser un lugar seguro donde vivir y ambos sentirnos plenos y felices. Y para ello no solo es importante construirla bien, sino también mantenerla y cuidarla para que siga siendo ese hogar que necesitamos. Entonces, debemos:

- **Mantenerla limpia:** Cada vez que surja un problema, la limpiamos para que no se vayan acumulando. En las relaciones tendemos a silenciar los problemas por miedo a abordarlos y, es normal, porque son tremendamente incómodos e implican enfrentarnos de cara a lo que duele, exponerlo. Pero es, necesario. Porque sino siguen estando ahí, repitiéndose, doliendo, generando cada vez más heridas, alejándonos cada vez más.

- **Solucionar averías:** Al contrario que en la limpieza, donde la suciedad la vamos generando nosotros, con nuestros actos y conductas generamos los problemas internos. Pero también hay muchos factores externos que pueden provocar problemas en la relación: un amigo o una tercera persona, un cambio de trabajo que no nos deja tiempo de calidad... Es importante solucionar también las averías que se generan por el desgaste, el paso del tiempo u otros factores no tan internos, pero que también nos afectan y generan problemas que debemos abordar.
- **Reestructurar y reamueblar:** Puede que las circunstancias cambien y, en algún momento, necesitemos redistribuir la casa porque como están colocados los muebles ahora, ya no nos hace sentir cómodos. Y es que recordemos; las personas, los gustos y las necesidades, cambian. Podemos, entonces, llegar a acuerdos diferentes si en algún momento los del pasado ya no nos sirven.

- **Cuidar y mimar:** Las casas generan mucha más calidez y se sienten más hogar si no solo las mantenemos, sino que también les dedicamos un cuidado especial, las mantenemos ordenadas, cuidamos la temperatura, el olor, la iluminación... son detalles que hacen que estar en casa sea más agradable. Pequeños detalles, actos rutinarios de amor, formas diarias de decir te quiero. Dejar el café preparado, una notita en la mesilla de noche o comprar su postre favorito para comer juntos después de cenar.

Como se trata de llevar nuestro amor a la práctica, vamos a trabajarlo también, de una forma práctica.

EJERCICIO 11:

Sentando las bases de nuestro amor

En la siguiente página, verás una casa que tendrás que hacer a medida. Si tienes pareja, te animo a que sea un ejercicio que hagáis juntos. Si no la tienes, haz el ejercicio conforme a tus ideales sobre el amor, aunque entendiendo que, cuando la casa sea compartida, deberemos llegar a acuerdos mutuos para construir algo conjunto.

En la base de la casa, colocarás **LOS VALORES** que sustentan el amor.

En las paredes, colocarás **LOS LÍMITES Y NORMAS** que enmarcan y delimitan el amor.

En el techo, colocarás **LOS ACUERDOS Y PATRONES** que mantendrán vuestro amor; cómo abordamos los conflictos (comunicación, espacio, autorregulación).

Dentro de la casa, incluirás **LOS ACTOS DE CUIDADO**, lo que es importante para ti o vosotros para mantener ese amor.

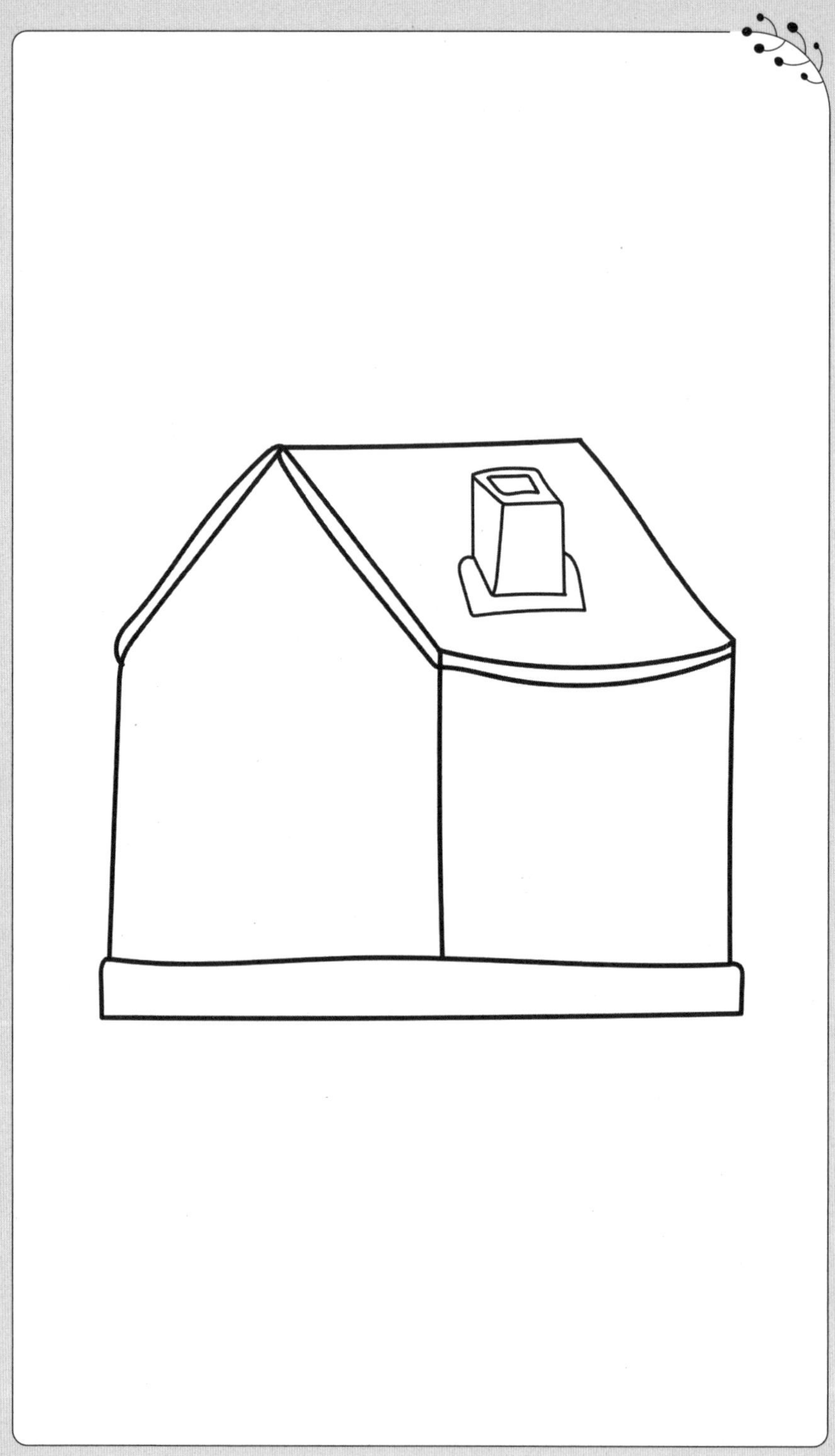

7

La dependencia emocional

Se habla mucho de dependencia emocional entendiéndose como un problema. Y sí, puede llegar a serlo, pero lo cierto es que **todos los seres humanos somos dependientes emocionales.** Estamos acostumbrados a vivir en sociedad, lo necesitamos, nos necesitamos unos a otros. Por eso buscamos la aceptación social, la pertenencia al grupo, sentirnos acogidos y recogidos por los demás... Es natural.

Todos estos aspectos se convierten en un problema cuando nos condicionan, nos limitan, nos generan mucho malestar o no nos permiten seguir nuestra vida diaria con normalidad. De forma que sí, inicialmente depender emocionalmente de otras personas y, por tanto, también de tu pareja, es normal.

Además, **la pareja, al ser un vínculo tan cercano y a la vez vulnerable influye y tiene mucho poder sobre nuestro mundo emocional** sobre nuestro estado anímico. Cuando estamos bien con nuestra pareja estamos mejor y cuando estamos mal lo sufrimos, sentimos miedo, ansiedad y tristeza.

Pero, cuando la pareja pasa a ser nuestro mundo, no somos capaces de ver más allá. La queremos tanto que deseamos hacerlo todo con esa persona y todo el rato con ella, por lo que vamos dejando de lado las aficiones, las amistades, el tiempo para ti... Cambiamos los planes en función de los de la otra persona. Y no solo una parte de ti depende de la otra persona, sino que depositamos todo en ella.

Esa sensación de que la pareja es nuestro mundo es muy característica de la primera etapa de la relación; la idealización y el enamoramiento. Ese primer momento que vivimos como un chute hormonal que hace que no podamos ver más allá de la otra persona. Es normal, está bien, pero dura lo que tiene que durar. **Esa duración limitada tiene un sentido**, no puede extenderse más allá porque paraliza nuestra vida por un momento y, si se extendiese para siempre, dejaríamos de lado el resto de aspectos que siguen siendo importantes para nosotros.

Y eso es justo lo que sucede en la dependencia emocional entendida, esta vez sí, como un problema. **Todo se centra en la otra persona y ya no cabe nada más.** Y eso no es bueno para ti y tampoco es bueno para la relación.

No es bueno para ti porque todas las cosas que antes valorabas te sumaban y eran importantes para ti, ahora ya no las cuidas, ya no les dedicas tiempo, se van quedando, por tanto, atrás. **Así que cada vez dependes más de la otra persona y depositas más en ella... porque eres lo único que tienes.**

No es bueno para la pareja, porque en ella recae toda la responsabilidad. **La presión de ser nuestro único sustento, nuestro único apoyo emocional.** Serlo todo para una persona no es un papel nada fácil y puede llegar a generar mucho agobio, porque nadie puede sustentar a largo plazo una responsabilidad tan grande. Se exige a la pareja aspectos que no le pertenecen y por los que no siempre va a poder estar disponible.

La dependencia emocional se entiende mucho mejor con la metáfora de la mesita de nuestra vida.

Imagina que tu vida es como una mesa, en la que tú estás encima y está sustentada por un montón de patitas. Cada pata representa un aspecto importante para ti, que es uno de tus sustentos: trabajo, amistades, aficiones, tiempo para ti, familia, viajes…, la pareja. Todas esas patas son lo que te mantiene estable. Hay patas más grandes porque son más importantes y patas más pequeñas que no son tan relevantes, pero están ahí. Las patitas pueden derrumbarse, porque dejan de interesarte, sustentarte o se pierde el vínculo con esas personas. Pueden crecer y hacerse más gordas si les dedicamos más tiempo, cariño y esfuerzo, por lo que suponen un sustento mayor. O, por lo contrario, más finitas. **Pueden aparecer nuevas y desaparecer o reaparecer otras. Por tanto, son variables y flexibles.**

La dependencia emocional sucede cuando, poco a poco, dejo de cuidar el resto de patitas para pasar a dedicar todo mi tiempo, cariño y esfuerzo a una sola: la pareja. **El resultado será construir una pata más grande, pero una sola...** porque el resto, al ser desatendidas, se irán quedando chiquititas hasta que desaparezcan por descuido. Y ahora, nuestra mesa solamente se sustenta de una gran pata.

¿Qué pasa si esa pata se balancea? Porque discutimos, porque surge un problema entre nosotros... Te tambaleas tú y se tambalea tu mundo. Es por eso que, en las relaciones donde existe la dependencia emocional tan extrema, las discusiones se viven con mucho miedo y ansiedad. Porque para nosotros, discutir, que haya una mínima posibilidad de que se derrumbe nuestra relación, supondría que con ella se derrumba todo nuestro mundo, toda nuestra mesita. Y nos caemos. Entonces, **normal que ante el conflicto nos inunden miles de emociones muy intensas y muy desagradables** que, además, hacen que sea mucho más difícil que se solucionen, ya que no podemos ni verlo ni pensarlo con la claridad que requiere para ser solucionado, para centrarnos en hablar y entendernos.

Así que sí, la dependencia emocional excesiva es muy sufrida por quién la vive, pero también por la relación en quién se vuelca.

Conocemos el problema y cómo afecta, pero... ¿qué podemos hacer para solucionarlo? Sanar nuestras patitas.

Construir patitas nuevas, cuidar y sanar la herida que hemos provocado a las otras patas para tratar de recuperarlas, dedicarles tiempo, cariño y cuidado... y dedicárnoslo también a nosotros. La autoestima va a ser muy potente para recuperarnos, ya que también es la herida más grande que se deriva de la dependencia.

Cuando sentimos que no tenemos el control de nuestra propia vida, depositamos en otra persona el poder y la responsabilidad de nuestro tiempo, estado de ánimo y valía, así que sentimos que solo esa persona puede calmarnos. Por eso, **reconciliarnos con nosotros mismos va a ser tan potente.** Porque recuperamos el control, nos sentimos capaces de regularnos, de tomar nuestras propias decisiones. **Sentimos que nuestra mesa está llena de patitas que nos suman y nos aportan, porque hemos trazado de nuevo una vida plena y con sentido.** Recuperar la relación con nosotros mismos hasta el punto de sentir que es suficiente con tenernos. Que el resto me suma, pero no es necesario, sino algo que elegimos desde la libertad.

La libertad que nos da sentir que tenemos la posibilidad de estar solos y que eso no es tan terrible.

Podemos hacerlo, podemos estar solo con nosotros mismos y no pasa nada.

Ahora bien, sanar la dependencia emocional es un proceso. Un proceso que puede hacerse muy difícil, así que tener a nuestra pareja como aliada es fundamental para poder sanar. Como con todos los problemas que pueden surgir en una relación, toca hacer equipo. Lo primero, siempre, es detectarlo. Tomar conciencia de lo que nos sucede y de cómo nos afecta para, después, buscar una forma de solucionarlo juntos. En estos casos **nos ayudará crear espacios donde sentarnos a hablar de nuestro mundo emocional, compartir cómo nos sentimos y sentirnos escuchados, recogidos y comprendidos**, abrazar nuestras heridas y miedos. Además, recordemos que en cualquier momento aparece la sensación de miedo y ansiedad por el temor a perder la relación, lo que genera que desate el pánico cualquier pequeña discusión, amenaza o incluso el hecho de detectar un pequeño cambio de comportamiento en la otra persona.

Por lo que todo lo que reafirme nuestro amor, que nos recuerde que seguimos aquí juntos, las pequeñas muestras de atención y cuidado diarias, aportarán la tranquilidad y la calma para equilibrar y estabilizar el miedo. **No debemos hacer responsable a nuestra pareja de nuestra regulación emocional, esa tarea nos pertenece a nosotros, pero podemos ayudarnos mutuamente a hacerlo más fácil.**

EJERCICIO 12:

Mi propia mesita

Te propongo que dibujes tu propia mesita de la vida. Dibuja primero la estructura y a ti encima. Quiero que te tomes tiempo para que ese «yo» te represente, cúrratelo un poquitín. Ahora, vamos a por las patitas que te sustentan. Piensa en todo lo que es importante para ti, todo lo que te suma y te aporta a día de hoy y ve dándole forma a cada una de tus patitas. Recuerda que pueden ser más finas o gordas dependiendo de lo mucho o poco que te sustenten.

Y ahora, date un momento para mirar con atención y amor la mesita que has construido...

¿Cómo te sientes?

¿Qué piensas de tu mesita?

¿Cuál es la patita más gorda?

¿Crees que hay alguna patita que tiene alguna herida por descuido? Si es así, ¿podemos sanarla?

¿Sientes que dedicas el tiempo, cariño y cuidado suficiente a cada patita? ¿Qué se ajusta lo que les das a lo que te aportan?

¿Te gustaría mantener estas patitas en un futuro?, ¿te gustaría modificar, incluir, quitar o reparar alguna?

8

Abordamos el conflicto

Los conflictos en cualquier relación son desagradables, pero también inevitables y lo cierto es que necesarios y útiles. Nos permiten identificar patrones que no están funcionando para sustituirlos por otros más adaptativos, que nos permitan avanzar y construir la relación que queremos y necesitamos.

El conflicto tiene una connotación negativa porque produce malestar.

Hace que la relación tambalee y puede evocar emociones y sensaciones tan desagradables como el miedo, los celos, la ansiedad, la incertidumbre, el enfado, la tristeza... **Pero el malestar forma parte de la vida**, parte de la esencia del ser humano y, por tanto, debemos aprender a aceptarlo y a convivir con él.

Esa es la teoría, pero cuando nos vamos a la práctica tendemos a recurrir a la evitación de cualquier cosa que nos genere malestar. Lo cual es normal, pues como seres humanos estamos programados para buscar el placer, lo agradable, y evitar el malestar, lo desagradable. Pero lo cierto es que no siempre podemos seguir el camino cómodo, ya que generalmente nos permite disfrutar, pero no avanzar, conseguir objetivos, cambiar, mejorar y transformarnos. Para todo ello es necesario asumir el malestar, la incomodidad.

Pero tendemos a evitar, a silenciar los problemas de la relación. A veces esperando a que desaparezcan solos, a que se hagan pequeños, a que dejen de doler o a tener la esperanza de aprender a convivir con ellos, pero lo cierto es que **evitar un problema también conlleva malestar**. A diferencia de la incomodidad que supone abordar un conflicto, este no desaparece porque va ligado al problema que, al no solucionarlo, va a permanecer con todas sus consecuencias. Así que ambas situaciones conllevan malestar, tanto abordarlo como no abordarlo. La diferencia es que, en el primer caso, es un malestar temporal, con sentido y con un objetivo.

Si queremos cumplir un objetivo debemos pasar por el esfuerzo e igual también por la tolerancia al error. Si queremos tomar una decisión debemos pasar por la incertidumbre. Si queremos lograr un cambio debemos pasar por el miedo. Si queremos sanar una herida debemos pasar por el sufrimiento.

Miremos los problemas a la cara, tomemos conciencia y entendamos el conflicto como una alarma para sanar, para resolver, para mejorar y avanzar.

Siguiendo con la metáfora de nuestra casita que representa la relación... Imagina que, cuando surge un problema, la casa se está quemando. El malestar que sentimos es la alarma de incendios. Las alarmas, al igual que las emociones, pueden ser muy incómodas, pues emiten un sonido muy fuerte y desagradable para precisamente llamar nuestra atención y que nos demos cuenta de que está pasando algo. Evitar el conflicto supone desactivar la alarma o darle un martillazo para que deje de sonar. ¿Sería absurdo no?

La alarma, las emociones, no son el problema. El problema es que la casa se está quemando.

Si no hacemos nada, nos quemaremos con ella dentro. Si no abordamos el problema, si no pasamos por el conflicto, la herida en la relación se irá haciendo cada vez más grande hasta que no podamos soportarla. Así que lo primero es atender la alarma, escuchar nuestras emociones y evaluar lo que está sucediendo, lo que ha hecho saltar la alarma, lo que ha detonado nuestras emociones, por qué nos sentimos así y qué necesitamos. Al tomar conciencia del problema, tenemos dos opciones: apagar el fuego entre los dos, resolverlo y sanar el destrozo que ha hecho en nuestra casa, en nuestra relación; o bien salir corriendo de casa. A veces el fuego es tan grande que no podemos, no queremos o no nos vale la pena abordarlo y tomamos la opción de abandonar la casa para no quemarnos dentro, la opción de dejar la relación.

1. Explosión del conflicto

Hay dos tipos de conflictos que no son excluyentes unos de otros. **Existen conflictos latentes, que se van cultivando poco a poco, van generando malestar... Y conflictos más explosivos, que suben de 0 a 100 generando un momento de tensión.** Los conflictos latentes pueden acabar explotando y los explosivos pueden no haber sido latentes sino fruto de alguna situación concreta y puntual.

Cuando se produce la explosión, aparecen emociones muy intensas que son difíciles de gestionar y pueden hacernos reaccionar de manera impulsiva. **Para resolver es importante pensar, detectar, tomar conciencia, reflexionar..., pero en un momento de tensión e intensidad emocional nos saltamos todos esos primeros pasos.**

Los conflictos explosivos son inevitables, suceden y suelen ser fruto de situaciones cotidianas. Es importante aprender estrategias para poder enfrentarlos. Que nos permitan detectar a tiempo el momento de máxima tensión, detectar nuestro estado emocional y parar la situación a tiempo.

En esos momentos solo es posible parar. No hay forma de abordar racionalmente el problema porque estamos en puntos demasiado intensos; la razón, ahora, no cabe, solo tenemos espacio para la emoción.

Necesitamos, por tanto, espacio, tiempo para respirar la emoción y esperar a que baje, a que se estabilice.

Para que así pueda entrar en juego nuestra capacidad racional y ser capaces de afrontar la situación desde un punto más tranquilo y sereno, que cuide el vínculo y que haga posible un entendimiento y también, una resolución.

Detectar y parar a tiempo es una tarea muy difícil. Las emociones intensas nos movilizan a actuar para así ser explotadas y dejarse liberar. El enfado nos impulsa a gritar, pero no suele ser lo más útil. De hecho, suele empeorar la situación. **Y llega un punto en que el problema ya no es el problema en sí, sino cómo hemos reaccionado ante él.** La discusión empieza por un motivo, pero continúa por lo que nos hemos dicho y reprochado al intentar solucionarlo desde la inestabilidad emocional. **Y todo se vuelve entonces mucho más complicado, de un conflicto sacamos otro.**

Es imposible no tener nunca reacciones impulsivas. Sí, a veces nos dejaremos llevar por el miedo, por la tristeza y por el enfado. Y no pasa nada. Somos seres humanos, somos emocionales e imperfectos, el error forma parte de nuestra esencia. Pero es importante tomar conciencia de este proceso, conocer cómo nuestras emociones nos influyen y tomar responsabilidad sobre ellas y, por supuesto, sobre la conducta y decisiones que nos mueven a tomarlas. Con la conciencia podemos aprender a parar y conseguir frenar la explosión, al menos en algunas ocasiones y, cuando no es así, con la responsabilidad aprendemos a recular y reconstruir la situación. Por eso existe la palabra «perdón» que es sumamente importante en la pareja. **Dejar nuestro ego atrás, reconocer y recular es un acto de amor.**

Para aprender a parar la alarma lo fundamental es el cuerpo.

**Si la emoción es la alarma del conflicto,
la alarma de la emoción
es nuestro propio cuerpo.**

Y es que las emociones son reacciones físicas, se manifiestan con una cascada de síntomas corporales.

El miedo se manifiesta en piernas y brazos porque el objetivo es correr o luchar ante un peligro. Con el enfado sentimos que nos hierve la sangre, un calor que nos recorre y mucha activación, por eso genera reacciones tan impulsivas. La tristeza se nos agarra en el cuello; la ansiedad, en el pecho… Nuestro cuerpo nos habla, estar constantemente conectados con él nos brinda la información sobre lo que sentimos, sobre nuestro estado en cada momento, tiene todas las claves que necesitamos.

Cuando mi cuerpo me grite, cuando la sangre me hierva o el nudo en la garganta no me deje hablar... es momento de parar.

Para ello, podemos diseñar entre los dos una estrategia que nos permita reconocer la situación y frenarla juntos. Por ejemplo, acordar una palabra, como «stop» o «espacio», y que, cuando uno de los dos miembros de la pareja la diga, automáticamente se active un mecanismo. Paramos la conversación, respiramos tres veces y nos damos un tiempo, unos minutos, unas horas, un paseo… Hasta que ambos estemos preparados y acordemos volver a retomar la conversación desde un punto más calmado.

Esta parte es importante porque el espacio, aunque lo necesitemos, no podemos cogerlo de cualquier manera. El espacio tiene que ser un acuerdo entre ambos, debemos enmarcar el objetivo de ese momento: por qué nos lo damos, lo que supone para ambos y que sea algo temporal que en ningún caso implique que se evite el conflicto. Si en medio de una discusión, de repente, desaparecemos sin dar ninguna explicación y sin un acuerdo previo, sin haber hablado antes de los espacios, sin haber establecido antes un acuerdo de acción ante el conflicto…, la otra persona va a sacar su propia interpretación a ese espacio que, además, solo yo me estoy dando. Desde el enfado, la tristeza y el miedo a perder nuestro vínculo, el espacio mal dado puede ser interpretado como abandono, lo cual no hará más que intensificar el malestar, alejarnos y herir la relación. Al ser un espacio mal enmarcado, no cumple el objetivo, ya que solo implica la estabilización de uno de los miembros, pues la otra persona lejos de estabilizarse intensifica más sus emociones, el malestar aumenta. Un malestar que solemos tratar de calmar privando a la otra persona del espacio, ya que el miedo al abandono despierta la necesidad de comprobar la estabilidad de nuestro vínculo. Es decir, aumentará la persecución, la necesidad de contacto, de buscar a la otra persona para que reafirme que no se va a ir. Así que ella no va a conseguir su espacio y tu malestar no hará más que aumentar.

Por eso no es solo una pausa, sino un espacio bien enmarcado y acordado.

Y, además, también hay que utilizarlo bien para que cumpla el objetivo de bajar la intensidad emocional.

Si cuando nos permitimos un momento de reflexión nuestros pensamientos se estancan en lo sucedido y se retroalimentan en cascada remarcando y centrándose en lo que nos ha dolido, las emociones se seguirán alimentando y creciendo. El objetivo es regular nuestro estado emocional, por lo que necesitamos respirar y activar nuestra parte reflexiva.

Pensar, pero pensar mejor, no pensar en bucle. Tratar de tomar conciencia, entender la situación.

Es en ese momento cuando empieza la autorregulación.

2. Autorregulación, me preparo

El conflicto es también autoconocimiento en la relación. Nos permite evaluar en qué punto estamos y hacia dónde queremos ir, es una oportunidad de crecimiento.

El autoconocimiento implica identificación y conciencia, los dos primeros pasos necesarios y previos para la acción y el cambio.

Entonces, autoconocimiento en el conflicto es el primer paso, pues antes que nada hay que definir el problema. Pero lo que nos sucede como pareja no solo es necesario en el marco de la relación, sino también en el nuestro propio. Entender qué supone esto para ti a nivel individual y ser consciente de cómo te afecta a nivel emocional para así poder autorregularte en primer lugar.

Para abordar un conflicto hay que estar preparados y, para ello, debemos estar regulados emocionalmente y haber detectado las necesidades emocionales que se han despertado en cada uno de nosotros. **No podemos enfrentarnos**

a un conflicto con emociones muy intensas como el enfado.

No podemos enfrentarnos al fuego sin estar protegidos y asegurar el terreno.

La autorregulación implica:

- **Nos damos nuestro espacio**, nuestro momento de soledad y reflexión.
- Detectamos **qué sentimos.**
- **Escuchamos la emoción** para tratar de comprenderla, buscamos de dónde viene, por qué, qué nos está diciendo.
- **Vivimos nuestras emociones** y sensaciones con aceptación.
- Buscamos qué necesita la emoción, qué nos está pidiendo, **qué necesitamos** ahora, qué necesitas de ti, de la otra persona o de la relación.

Conocer cómo nos afecta cada emoción nos permite cada vez diseñar estrategias más ajustadas para regularla. El proceso de parar y escucharnos nos permite conocer y entender muchas partes de nosotros, nos permite aprender a relacionarnos con nuestro mundo emocional. A darnos lo que necesitamos y así poder sanar.

Una vez que cada uno de nosotros está autorregulado, nos hemos preparado como protagonistas del conflicto, ahora toca preparar el espacio.

Recordemos que la herramienta es la comunicación, pero no cualquiera, sino la comunicación asertiva, respetuosa, desde el equipo. Para ello, necesitamos **definir un buen momento, cuidar el espacio y crear un lugar seguro entre los dos respetando una serie de normas.** Debe ser un espacio libre de juicio, donde poder expresarnos libremente y abrazar nuestros mundos emocionales.

EJERCICIO 13:

Autorregulación emocional

Cuando la emoción es muy intensa, la capacidad de razonamiento pasa a un segundo plano, por lo que es más probable que actuemos impulsivamente y que podamos desarrollar conductas de las que después no nos sintamos orgullosos. Por eso, antes de cualquier conversación importante, el espacio es fundamental para lograr la reconciliación. Pero no cualquier espacio; un espacio bien utilizado, un espacio que nos permita respirar, conectar con nuestro mundo emocional y reflexionar. Para ello, la escritura es la mejor herramienta. Escribir y, sobre todo, hacerlo a mano, nos obliga a activar la corteza prefrontal, una parte de nuestro cerebro que es clave en el control de la conducta, la personalidad y nuestros valores y en funciones cognitivas superiores. Cuando activamos la corteza prefrontal, activamos nuestra parte más reflexiva, por tanto, tomamos decisiones más conscientes y meditadas, más fieles a nuestros valores.

Para lograr este proceso, lo haremos mediante un registro emocional, una serie de preguntas que responderemos por escrito. Nos darán claridad ante la situación, seremos capaces de verla con más perspectiva y nos permitirán valorar aspectos que la intensidad de la emoción no nos estaba permitiendo ver. Conectaremos con nuestro mundo emocional tomando conciencia de qué sentimos, cómo nos afecta y qué necesitamos.

SITUACIÓN:

¿Qué ha sucedido?

EMOCIÓN/ES:

¿Qué estoy sintiendo? Según la intensidad de la emoción la puntúo del 1 al 10.

PENSAMIENTOS:

¿Qué pensamientos se me vienen a la cabeza?

CONDUCTA Y RESULTADO:

¿Qué quiero hacer ante esta situación? ¿Cuál es mi objetivo ahora? ¿Qué necesito?

Situación

....

....

Emoción **Intensidad**

....

Pensamientos

....

....

Conducta / Resultado

....

3. Comparto

Una vez que hemos conectado con nuestro mundo emocional, toca conectar entre nosotros.

Lo primero, es asegurarnos de que los dos nos sentimos preparados para abordar la conversación y elegir un momento adecuado, con tiempo y en un entorno tranquilo y cómodo. **Abordamos el conflicto desde la comunicación asertiva**, remarcando la importancia de crear, primero, un lugar seguro; un espacio libre de expresarnos sin ser juzgados, de calidez emocional.

La comunicación asertiva, cuando la enmarcamos dentro de una relación de pareja, tiene una peculiaridad: las necesidades emocionales.

El amor no es suficiente para sostener un vínculo, hace falta atender en todo momento las necesidades emocionales de cada uno de nosotros y también de la relación, del equipo, para asegurarnos de que ese vínculo es sano y satisfactorio para ambos.

Las necesidades emocionales están constantemente latentes y, siempre que alguna se descubre, genera malestar, salta una alarma emocional dentro de nosotros que también se materializa en nuestro vínculo, lo que crea un punto de desconexión entre los dos. Debemos, como siempre, escuchar y atender esa alarma, averiguar qué necesidad emocional está siendo descuidada para después ponerla encima de la mesa junto a mi pareja. Entonces, **dentro de la resolución de conflictos en pareja, siempre debemos hablar de necesidades emocionales; evaluar si están cubiertas, detectar las que no lo están y establecer patrones para cuidarlas y mantenerlas.**

¿Cuáles son esas necesidades emocionales?

Como todo, depende de ti, de la otra persona y de vuestra relación, de vuestro concepto de amor. Algunas de las que suelen ser necesarias para que el vínculo se mantenga pueden ser:

- **Sintonía con nuestros sueños, proyectos y valores:** sentir que construimos un camino juntos en el que ambos crecemos a nivel individual y nuestra relación lo hace con nosotros.

- **Seguridad y confianza**: sentirnos en un lugar seguro donde expresarnos y compartir.

- **Empatía y validación:** ser escuchados para ser comprendidos, no juzgados, sentir que nos preocupamos por el mundo emocional del otro y lo abrazamos.

- **Estabilidad del vínculo:** sentir que nuestra relación es fuerte y estable, que tenemos herramientas para afrontar conflictos internos y externos que puedan afectar a nuestra relación.

- **Independencia y autonomía:** equilibrio entre el tiempo individual y de pareja, sentir que tenemos el espacio suficiente para desarrollar el resto de aspectos importantes para nosotros a nivel personal: hobbies, trabajo, familia, amigos...

- **Prioridad e importancia:** sentir que somos atendidos y entendidos como una parte importante de la vida del otro.

- **Cariño y afecto:** sentir las manifestaciones de nuestro amor.

- **Tiempo de calidad:** el disfrute de nuestro amor, dedicarnos el tiempo suficiente para sentirnos presentes el uno en la vida del otro, sentir que los momentos juntos nos generan emociones agradables.

Y pueden surgir muchas más según las circunstancias internas, personales, y externas, las demandas del entorno y cómo este influye en la relación. Por ejemplo, un cambio en el horario laboral puede hacer que perdamos tiempo de calidad o un nuevo hobbie puede hacer que necesites más espacio para poder desarrollarte en ese ambiente. Todo está en constante cambio y, por tanto, las necesidades emocionales también. Por eso es importante siempre revisarlas y atenderlas.

En este caso, un ejemplo de comunicación asertiva en pareja podría pasar por tres puntos básicos.

1. **Qué sentimos**
   Expresamos nuestras emociones, sensaciones y pensamientos. Escuchamos nuestros mundos emocionales sin juzgar, desde la comprensión. Recordemos que todas las emociones son válidas, aunque las sintamos diferentes.
2. **Qué necesitamos**
   Expresamos las necesidades emocionales que están ahora descubiertas.
3. **Qué podemos hacer como equipo**
   Trazamos un plan de acción para resolver cada una de las necesidades emocionales expuestas.

Una vez hemos llegado a un acuerdo, toca actuar. Nada cambia si no hacemos las cosas de forma diferente. Entendiendo que, a veces, las cosas no salen a la primera. Así que como en toda resolución de un conflicto, vamos a tener que seguir evaluando si la solución propuesta está teniendo el resultado esperado ya que, sino, toca revisarla y ajustarla de nuevo.

Y ese es el más puro reflejo de lo que supone ser un EQUIPO.

EJERCICIO 14:

Mis necesidades emocionales

Llegados a este punto creo que ha quedado más que evidente la importancia del autoconocimiento y de estar constantemente conectando y evaluando nuestro mundo emocional y nuestros vínculos. Vamos a hacer un pequeño chequeo, esta vez, de nuestras necesidades emocionales.

Si tienes ahora mismo una relación de pareja o similar, te animo a que ambos expongáis las vuestras y le deis un porcentaje de satisfacción a cada una de ellas. Buscando, posteriormente, la forma de que estas lleguen a un cien por cien.

NECESIDAD EMOCIONAL
¿Qué necesito, qué tiene que pasar, para sentirla como satisfecha?

NIVEL DE SATISFACCIÓN (del 1% al 100%)
¿Qué necesito para que llegue al cien por cien? ¿Qué podemos hacer como EQUIPO para satisfacer del todo esa necesidad?

Si actualmente no estás en una relación de pareja puedes hacer una lista de tus necesidades emocionales según tu concepto de amor y reflexionar sobre lo que necesitas para que sean cumplidas y sentirlas como satisfechas.

Necesidad emocional	Nivel	¿Qué necesito para el 100%?

9

La pareja a largo plazo

La pareja, a largo plazo, pasará por mil terremotos. Lo que hace que un vínculo, sea del tipo que sea, se mantenga fuerte y estable en el tiempo no es que no aparezcan problemas, ya que eso en parte no depende de nosotros, sino la capacidad de adaptación. La capacidad para hacer frente a los problemas internos y externos, reconocerlos, exponerlos y solucionarlos como equipo.

Así que sí, habrá conflictos, debemos centrarnos en cómo afrontarlos estableciendo patrones útiles que nos ayuden a solucionar, a conectar.

Es común que se establezca una norma de «silencio» en la relación. No nos expresamos, no ponemos los problemas sobre la mesa… Todo por no discutir. Y sí, **abordar un conflicto es tremendamente incómodo e implica esfuerzo, implica enfrentarnos a miedos e inseguridades.** Entonces, es normal que queramos evitarlo.

Pero los conflictos no abordados no pueden ser solucionados y, por tanto, se quedan ahí, creando cada vez una herida más profunda en la relación, una desconexión más grande entre los dos.

Debemos entender que las relaciones siempre implican un esfuerzo.

Tampoco se trata de decir cada pequeña cosa que nos moleste, porque si no nos pasamos el día abordando conflictos, así que hay que definir qué es importante. Tenemos que aprender también a tolerar lo que no es exactamente como queremos y saber discernir cuando algo es realmente relevante o se repite constantemente generando malestar.

Incluso a veces habrá problemas que no van a ser solucionables con los que tenemos que convivir. **Habrá conflictos que igual se centren en nuestra personalidad o valores más arraigados y que siempre despierten puntos de desencuentro entre los dos.** Y es que las relaciones no son un puzle perfecto, no encajaremos al cien por cien, o al menos no puede ser así siempre. Lo importante es tomar conciencia de ello, entender ante qué tipo de conflicto estamos, cómo afecta a la relación, si podemos solucionarlo o no y, en caso de que no, si estamos dispuestos a convivir con él, si no es tan relevante al ponerlo en la balanza de nuestra relación. Así que sí, llegados a este punto, espero que tengas muchas más herramientas para entender y abordar las relaciones de pareja, pero como todo en el mundo de la psicología, tener herramientas no quiere decir que no podamos fallar en el proceso, que no podamos tener reacciones impulsivas a veces, que no nos dejemos llevar por nuestras emociones o que, simplemente, no nos apetezca enfrentarnos a algo en este momento. **Lo importante siempre es tomar conciencia, estar conectados con nosotros mismos para entender desde qué punto tomamos nuestras decisiones.**

10

El amor es para disfrutarlo

Las relaciones aparecen, cambian, se desvanecen o perduran.

Pero siempre tenemos el poder de decidir. De decidir quedarnos, esforzarnos en el vínculo o dejarlo ir.

Las relaciones son esfuerzo, inevitablemente. Pero no son lucha y sufrimiento constante. El amor siempre tiene que ser elegido con sentido, por el disfrute, porque nos da vida, porque nos genera, nos suma y nos hace sentir. Siempre nos tiene que compensar. Siempre debemos tener claro por qué nos quedamos.

El amor es siempre para disfrutarlo. Es el mayor placer que podemos experimentar como seres humanos. Es la esencia de la vida, es a lo que se reduce todo.

Así que busca amor, busca el amor que mereces, el que quieres, el que estás dispuesta a dar y no te conformes nunca con menos.

Porque hay mucho amor repartido por el mundo, encontrarás mil veces el que te haga feliz a ti y harás mil veces felices a otras personas con el tuyo.

Gracias por todas las veces que has decidido amar, porque implica mucha valentía.

Implica enfrentarnos a nuestros miedos, a nuestras inseguridades.

Implica sentirnos vulnerables, pequeños dentro de una fuerza tan grande.

Implica aprender a dar sin esperar y a dejar el ego a un lado.

Gracias porque elegir el amor no es fácil, pero también saca lo más maravilloso que tenemos dentro.

Gracias porque cada vez que amamos hacemos el mundo un poquito mejor.

Llenemos el mundo de amor porque es el mayor poder que tenemos como seres humanos: **AMAR**.

Índice